Irmhild Bärend

Mein Rollstuhl
hat Flügel

SCM Hänssler

SCM

Stiftung Christliche Medien

Bestell-Nr. 394.705
ISBN 978-3-7751-4705-7

Internet: www.scm-haenssler.de
E-Mail: info@scm-haenssler.de
Umschlaggestaltung: gestalterstube, Arne Claußen
Titelbild: grit doerre fotografie; www.grit-doerre.de
Bilder im Innenteil: Soweit nicht anders vermerkt:
© Irmhild Bärend
S. 3 des Bildteils:
© Billy Graham Evangelistic Association
Satz: typoscript GmbH, Kirchentellinsfurt
Druck und Bindung: CPI – Ebner & Spiegel, Ulm
Printed in Germany

Inhalt

Friedrich Hänssler im Gespräch mit
Irmhild Bärend 5

   Vorwort von Billy Graham 7

   Hoffnung 18

   Aus meiner Nacht 47

   »Ich mache alles neu« 66

Abenteuer Glaube 95

   Kein Spaziergang 97

   Meine Großmutter 99

   Mein Vater 102

   Rette mich! 105

   Goldwäscher 107

   Hoch wie der Himmel 110

   Erschöpft 113

   Sturz in der Nacht 117

   Mein »Big Ben« 120

   Atem-los 123

   Kostbare Haut 125

   Herzoperation 128

   »Ruf' einfach an!« 130

   Horizont-Investment 133

Wo wohnt Jesus?................................. 136
Who is who? 138

Friedrich Hänssler im Gespräch mit Irmhild Bärend

Vorwort von Billy Graham

Als ich erfuhr, dass mit unserer lieben Freundin Irmhild Bärend ein Interview für ein Buch gemacht wurde, in dem sie über ihr Leben berichtet, war ich überzeugt, dass es seine Leser herausfordern und inspirieren wird.

Die Jahre evangelistischen Dienstes, vor und auch nach dem Unfall, durch den Irmhild in einem Rollstuhl sitzt, zeigen uns, wie Gott einen Menschen einsetzen kann, der ihm sein ganzes Herz geschenkt hat.

Ich bete darum, dass dieses Buch Ihnen Mut macht, wenn Sie mit großen Herausforderungen konfrontiert werden. Möge es Sie näher zu dem Einen bringen, der Irmhilds Stärke und Freude ist.

Billy Graham, 6. Oktober 2009

FH: Nun kennen wir uns schon bald 40 Jahre und haben vieles miteinander erlebt, erlitten und vielleicht manches sogar auch erstritten.

Wir können die Zeit nicht aufhalten, aber wir können sie doch noch besser nutzen. Ich möchte das tun, indem ich dir Fragen zu deinem Leben, deinem Erleben heute stelle, als Hilfe für Menschen, die in den Stürmen des Lebens lieber ihrer Zeit davonlaufen würden.

Fangen wir von vorne an: Im Hause Bärend kamen zwei Jungen und ein Mädchen zur Welt. Ging das gut?

IB: Meine Brüder und ich hielten fest zusammen. Einer stand für den anderen ein. Wir hatten keinen Vater mehr. 1945 wurde er von den Russen abgeholt und kam nicht wieder. So zog uns meine Mutter allein groß – mit viel Mut, Liebe, Selbstlosigkeit und einem festen Gottvertrauen. Immer war sie für uns da. Sie kämpfte wie eine Löwin! Wenn uns jemand angriff, fühlte sie sich auch angegriffen. Es waren damals schwere Jahre. Ich weiß nicht, wie sie uns überhaupt durchgebracht hat. Wir lebten oft buchstäblich »von der Hand in den Mund«. Umso mehr staunten die Menschen, wenn meine Mutter sagte: »Ich bin reich, ich habe drei Millionen!« Diese drei Millionen waren wir, meine Brüder und ich.

FH: Das hört sich nach einer guten, liebevollen Kindheit an. Der Dichter Jean Paul hat einmal gesagt: »Mit einer Kindheit voll Liebe kann man ein halbes Leben hindurch für die kalte Welt haushalten.« Das war dann sicher auch eure Erfahrung als Kinder?

IB: Solange ich denken kann, war meine Mutter eine Mutter für viele junge Menschen. Unser Häuschen glich jahrelang einer »Jugendherberge« – Jugendliche aus aller Welt »flogen« bei uns ein und aus. Die einen brauchten ein warmes Mittagessen, die anderen eine Übernachtung, alle aber brauchten Gespräche. Oft dauerten sie bis tief in die Nacht. Lächelnd sagte meine Mutter: »Bei uns wird die Türklinke nicht kalt« oder »Ich muss einmal meinen Nachbarn besuchen, damit ich wieder einen Erwachsenen sehe.« Noch heute erinnern sich die jungen Leute von damals an ihre Fürsorge, Warmherzigkeit und Weisheit: »Deine Mutter hatte immer einen guten Rat … und sie hörte zu … man war ihr nie zu viel.«

Obwohl meine Mutter es nicht leicht hatte, war sie immer die strahlende Mitte unserer kleinen Familie. Ach überhaupt, sie konnte sich so wunderbar freuen. Überall entdeckte sie etwas Schönes, selbst bei langen, anstrengenden Autofahrten oder tagelangem Regen. Sie liebte die Sonne, das Meer, die wechselnden Farben des Himmels.

Kinder schenkten ihr wie selbstverständlich Vertrauen.

Solange ich denken kann, schlief sie schlecht. Es begann, als mein Vater abgeholt wurde. Die Verantwortung für uns Kinder, die unsichere finanzielle Situation, das Sich-alleine-behaupten-Müssen ... alles ging mit ihr durch die Nacht. Einmal sagte sie: »Ich habe zusammengerechnet: Wenn ein Mensch durchschnittlich sechs Stunden pro Nacht schläft, habe ich in fünfzehn Jahren fünf Jahre nicht geschlafen!« Trotzdem beklagte sie sich nicht. Wenn sie uns nach einer fast durchwachten Nacht beim Frühstück gegenübersaß, lächelte sie verheißungsvoll und sagte: »Heute Nacht kam mir eine wunderbare Idee ...!« Sofort saßen wir Kinder aufrecht da. Die Ideen meiner Mutter waren immer herrliche Überraschungen – ein Ausflug, eine spontane Reise mit unserem alten, klapprigen Auto ... irgendetwas Besonderes.

Bei der Lösung von Problemen handelte sie ähnlich überraschend. So regelte sie einmal den Verkehr auf einer stark befahrenen Straße in Neapel, damit ich von einer Seite auf die andere fahren konnte. Sie lief einfach in die Mitte der Fahrbahn, riss die Arme wie ein Verkehrspolizist hoch und brachte den Strom der Autos blitzartig zum Stehen. Freundlich warteten die Italiener, bis »Mamma mia« ins Auto gestiegen war und wir die andere Straßenseite erreicht hatten. Dann schlossen sich die Autoketten nahtlos, als ob nichts geschehen wäre.

Gab es Schwierigkeiten mit uns Kindern, wurde geredet. Sie ließ nicht locker, bevor nicht alle Argumente auf dem Tisch waren. Fanden wir keine gemeinsame Mitte und beharrten auf unserem Standpunkt, ging sie oft einfach still aus dem Zimmer. Nach einer Weile kam sie zurück und sah ganz verändert aus. Wir wussten, sie hatte gebetet und ihre Sorgen vor dem ausgeschüttet, der als einziger Menschenherzen lenken kann »wie Wasserbäche«.

»Unsere Kinder sollen im Wind erzogen werden«, hatte sich mein Vater immer gewünscht. Damit meinte er einen weiten Horizont. Das wurde für meine Mutter zum Leitmotiv. Es bestimmte den Lebensstil, die Ausbildung von uns Kindern, die Berufe, die späteren Ehepartner.

FH: Das klingt nach einer Kindheit voller Liebe. Ihr seid in Berlin aufgewachsen?

IB: Ja, aber als der Krieg ausbrach, mussten kinderreiche Familien die Stadt aus Sicherheitsgründen verlassen. So wurden auch wir evakuiert. Meine Großeltern nahmen uns auf. Sie hatten in der Nähe von Brandenburg an der Havel ein großes Haus.

Kurz nach unserer Evakuierung wurde der Stadtteil, in dem wir gewohnt hatten, bombardiert. Dabei

11

verloren meine Eltern fast alles, was sie besaßen. Meine Mutter spielte sehr gerne und gut Klavier. Später sagte sie bekümmert: »So viel ist damals verbrannt. Doch am meisten trauere ich meinem Blüthner-Flügel nach.«

FH: Das waren sicher unauslöschliche Erlebnisse während des Krieges, auch in der Evakuierung, und dann die schlimmen Bombennächte?

IB: An das meiste kann ich mich nicht erinnern. Ich war noch zu klein. Doch manchmal träume ich heute noch von den heulenden Sirenen und höre das Geräusch entfernter Explosionen. Einmal hatte meine Mutter einen Pflaumenkuchen gebacken. Als wir ihn gerade essen wollten, kamen die Tiefflieger. Der Druck auf die Fensterscheiben war so stark, dass sie regelrecht auseinandersprangen und den Pflaumenkuchen mit Splittern bedeckten.

Ich erinnere mich auch, wie ich nachts mit meinen Eltern und den Brüdern über den Hof zum Luftschutzkeller rannte. Meine Mutter hielt meinen älteren Bruder und mich fest an der Hand, und mein Vater trug meinen jüngeren Bruder auf dem Arm. Dann saßen wir im Luftschutzkeller zusammen mit den Nachbarn, dicht zusammengerückt, voller Angst. Kaum einer sprach. Stunde um Stunde verging. Alle warteten sehnsüchtig auf das befreiende Signal der »Entwarnung«.

FH: Und wie hast du dann das Kriegsende erlebt?

IB: Nach der Evakuierung wohnten wir weiter bei den Großeltern. Mein Großvater verfolgte, soweit es möglich war, die Nachrichten. So erfuhren wir auch von dem brennenden Berlin. Von all dem verstand ich noch nichts. Ich hörte nur, wie die Erwachsenen oft leise miteinander sprachen, flüsternd Nachrichten austauschten. Ich sah sie kaum noch lachen. Die Gesichter waren blass und bedrückt. Es schien, als würden sie sich am liebsten verstecken. Sie versuchten, alles so weit wie möglich vor uns Kindern zu verbergen.

Immer noch fuhr mein Vater jeden Tag ins Büro nach Berlin. Er war Jurist und hatte dort einen verantwortungsvollen Posten. Dann aber wurde die Bahnstrecke zwischen Brandenburg und Berlin gesprengt, und es gab keine Verbindung mehr.

Da erschienen eines Tages bei uns zwei Leute von der GPU (Sowjetische Staatspolizei). Sie sollten meinen Vater zu einem Verhör mit nach Brandenburg nehmen. Ich weiß es noch wie heute. Meine Großmutter war eine tiefgläubige Frau. »Wort und Tat« gehörten für sie ganz selbstverständlich zusammen. Daher war auch die Gastfreundschaft für sie so wichtig. Als die beiden mir unheimlichen Männer mit meinem Vater sprachen, sagte meine Großmutter doch tatsächlich: »Sie haben bestimmt Hunger. Darf ich Ihnen einen Teller Suppe anbieten?«

Diese Geste muss die beiden Männer sehr berührt haben. Als sie dann noch meine junge Mutter und uns drei Kinder sahen, müssen sie Mitleid empfunden haben. Denn es passierte etwas Ungewöhnliches:

Meine Mutter durfte meinen Vater zur Vernehmung begleiten. Als sie mit meinem Vater in Brandenburg aus dem Zug stieg, waren die beiden Männer nicht mehr zu sehen. Als typisch deutscher pflichtbewusster Beamter suchte er jedoch den ganzen Zug nach ihnen ab, bis er sie gefunden hatte. Erst viel später erfuhr meine Mutter, dass auf dem Nachbargleis ein Zug stand, abfahrbereit in den Westen. Das hatten die beiden Männer vermutlich gewusst. Offensichtlich hatten sie meinem Vater zur Flucht verhelfen wollen. Nachdem er sie nun aber gefunden hatte, mussten sie ihn zum Verhör bringen. Wir sahen ihn nie wieder. Jahre später hörten wir, dass er in einem sowjetischen Konzentrationslager umkam.

Nachdem er nicht mehr bei uns war, hatte ich oft große Angst. Da war etwas so Kostbares in meinem Leben wie ausgelöscht. Und wo immer ich meinen Vater in meinen Gedanken und Träumen suchte, ich fand ihn nicht.

Eines Tages meldete sich ein »Heimkehrer« bei meiner Mutter und sagte: »Ihr Mann ist tot. Ich habe gesehen, wie er aus dem Lager, in dem ich mit ihm zusammen war, in einen Zug verladen wurde.

Er war schwer krank und dem Sterben nahe. Wir wurden in ein anderes Lager transportiert. Nur dort ist Ihr Mann nie angekommen.«

Nach dem Fall der Berliner Mauer erfuhren wir nähere Einzelheiten. Mein Vater hatte damals doch noch weitergelebt, allerdings nur kurze Zeit. Bald darauf war er in dem Lager umgekommen und in ein Massengrab geworfen worden.

FH: Das heißt also, dein Vater wurde grundlos in das sowjetische Konzentrationslager verschleppt? Und ihr habt als Familie keinerlei Information darüber bekommen?

IB: Meine Mutter erzählte uns, dass sich mein Vater viele Male für Menschen eingesetzt hatte, die schuldlos angeklagt waren. Dabei habe er oft seinen Kopf riskiert. So war mein Vater überzeugt, dass er sich bei dem angekündigten Verhör in Brandenburg entsprechend verteidigen könnte. Da ging es aber nicht um Recht und Unrecht. Vielmehr wollten die Russen die »akademische Intelligenz« vernichten. Nicht nur mein Vater, auch viele andere Akademiker aus unserem Freundes- und Bekanntenkreis wurden abgeholt. Auch von ihnen hörte man nie wieder etwas.

Aus den Lagern drang nichts an die Außenwelt. Alles war hermetisch abgeriegelt. Aber nach dem Fall der Berliner Mauer fand man Archive der

Lager und Namenslisten der Gefangenen. Mein Vater war einer von ihnen.

FH: Es ist schlimm, wenn nur noch Schweigen bleibt, keinerlei Informationen. Wie habt ihr diese Zeit der Ungewissheit als Familie überstanden?

IB: Meine Großeltern und meine Eltern glaubten fest an Gott. Wenn ich an meine Großmutter denke, sehe ich ihr klares Gesicht vor mir und höre, wie sie bei der Arbeit leise Lieder aus dem Gesangbuch sang. Sie hatte vier Söhne. Der eine starb, als er noch klein war. Der Älteste wurde als Abiturient in den Krieg eingezogen und kehrte nach kurzer Zeit mit einer offenen Tuberkulose zurück. Sein Tod war so schmerzlich für sie, dass sie später immer das Zimmer verließ, wenn über ihn gesprochen wurde. Der dritte Sohn war mein Vater.

Meine Großmutter machte Gott keine Vorwürfe. Sie wurde nur immer stiller, die Augen voll ungeweinter Tränen. Sie lebte mit Worten aus der Bibel und einem tiefen Vertrauen, dass Gott ihr zur Seite stand. Meine Mutter und meine Großmutter waren einander ein großer Halt. Sie waren erfüllt von der Hoffnung, dass es irgendwie weitergehen würde, auch wenn mein Vater nicht zurückkäme.

In dieser Zeit ist mir die Hoffnung ganz wichtig geworden. Zuerst habe ich dieses Gefühl nicht richtig begreifen können, aber in den Jahren danach wurde es immer größer.

FH: Du hast darüber vor längerer Zeit einen Text geschrieben.

IB: Ja, es geht darin um die Hoffnung, die nur Gott schenken kann:

Hoffnung

Wo beginnt die Hoffnung, wo endet sie?
Hoffnung wirft sich ganz weit nach vorn,
wie ein Schwimmer,
der das Ufer erreichen muss und weiß,
dass die Kraft nicht mehr ausreicht.
Hoffnung traut sich zu,
in den Himmel zu steigen,
selbst wenn weit und breit keine Treppe da ist.
Hoffnung sagt aufrecht: »Ja«,
auch wenn alles »Nein« schreit.
Hoffnung trotzt mutig der Angst:
»Du behältst nicht das letzte Wort!«
Hoffnung ist wie ein ausgestreckter Finger.
Sie weist auf den, von dem sie kommt,
der ihr Gestalt gegeben hat, den Schöpfer.
Sie ist hell, voller Licht und trägt doch verborgen
Züge des Leids in sich.
Wie könnte es auch anders sein?
Gott hat seinen Sohn,
die lebendig gewordene Hoffnung,
zu uns gesandt
und unser Elend auf ihn gelegt:
»Er trug unsere Krankheit
und lud auf sich unsere Schmerzen.«

Da ist sein Gesicht.
Voller Liebe beugt es sich tief
über die Armseligkeit dieser Welt.
Er weint mit uns und fängt unsere Tränen auf.
Er sagt: Ich weiß, wie verzweifelt du bist,
wie allein,
weil ich selbst einmal da war,
wo du jetzt bist ...
Selbst wenn es so aussieht,
als gingest du auf ein Ende zu,
so ist das nicht die Wahrheit.
Wo ich bin, ist immer der Anfang,
ein neuer Morgen!

FH: So habt ihr erst nach der Wiedervereinigung offiziell vom Tod des Vaters im Konzentrationslager erfahren. War das nicht trotz der vielen Jahre, die dazwischen lagen, ein tiefer Schock?

IB: So ähnlich mag es Menschen gehen, wenn ein Totgeglaubter plötzlich in der Tür steht. Ein Leben lang waren wir ohne Vater, und jetzt hatte er wieder einen Namen und war Person. Jahrzehntelang verschollen, irgendwo, keine Todesanzeige, keine Grabstelle – einfach nicht mehr da. Und nun auf einmal ein Todesdatum, ein Ort, an dem er gestorben war, und sogar eine Grabstelle, selbst wenn sie ein Massengrab war.

Nachdem wir erfahren hatten, in welchem Lager mein Vater den Tod gefunden hatte, fuhren wir dorthin. Es waren nur noch die Fundamente erhalten. Skizzen versuchten, ein Bild des Lagers zu vermitteln. Die Russen hatten über den Massengräbern Bäume gepflanzt, wohl auch um Spuren zu verwischen. Inzwischen war aus den kleinen Bäumen ein hoher Wald gewachsen.

Als ich da stand, liefen mir die Tränen über das Gesicht: Was musste mein Vater durchgemacht haben! Wie viel Schmerzen musste er ertragen haben, wie viel Verzweiflung, Verlorenheit, Alleinsein, Sehnsucht nach der Familie.

Als wir die Nachricht aus den Archiven erhielten, lebte meine Mutter nicht mehr. Ich bin so dankbar, dass sie das nicht mehr erfahren hat. Ich war gerade von einer Reise zurückgekehrt, als mich einer meiner Brüder vom Flughafen abholte und sagte: »Wir wissen jetzt, wo unser Vater umgekommen ist.« Ich war so betroffen, dass ich sekundenlang kaum atmen konnte: Endlich die Wahrheit! Als Kind hatte ich immer darunter gelitten, dass ich nie sagen konnte: »Meine Eltern.« Andere sprachen von ihrer Mutter, ihrem Vater. Mir fehlte immer der eine Teil.

FH: Wie kann man das als Kind nur verarbeiten? Sicherlich ist dadurch eine besondere Mutterbeziehung entstanden?

IB: Meine Mutter war meine beste Freundin. Ich konnte mit ihr über alles sprechen. Sie war liebevoll, mutig, energisch, kreativ, weise – und sehr direkt. Sie war ehrlich, auch wenn es unbequem war. Auf ihr Urteil konnten wir uns immer verlassen.

Wir haben viel miteinander durchgekämpft. Natürlich blieben Meinungsverschiedenheiten und Konflikte nicht aus. Aber immer war ein offenes Gespräch möglich. Nur ja nicht Dinge unter den Tisch fallen lassen oder verdrängen. Vielmehr den Problemen ins Gesicht sehen, das war die Grundhaltung meiner Mutter.

Wir beide standen uns so nahe, dass ich sie nicht verlassen wollte, als meine Brüder ihre eigenen Familien gründeten. Nach vielen intensiven und reichen Jahren voller Aktivität und Menschen wäre sie plötzlich allein gewesen. Das hätte ich nicht übers Herz gebracht. Schließlich hatte sie mich ein Leben lang liebevoll begleitet, beraten, umbetet, mit mir gelitten – und nun sollte ich einfach ausziehen und sie zurücklassen? Unmöglich!

Als sie starb, war plötzlich eine große Leere um mich. Kein zweiter Teller auf dem Tisch. Kein vertrautes Gesicht gegenüber. Kein glückliches »Wie schön, dass du wieder da bist«, wenn ich nach Hause kam. Keine warme Hand, die tröstend hinübergreift, wenn es schwer ist, und ein: »Wir schaffen es schon!« Eben noch Wärme und Nähe, Leben, ganzes Dasein trotz zunehmender Schwäche und Krankheit. Und dann nur noch Stille.

Nicht mehr »unsere« Wohnung, nein, jetzt »meine« Wohnung. Nicht mehr einladen können in die warme Fülle des »Wir«, sondern in das schmal gewordene »Allein«.

Wie seltsam bedeutungslos plötzlich, den Rasen zu mähen, die Rosen zu schneiden, wenn keiner mehr da ist, der voller Freude sagt: »So schön war der Garten noch nie!«

Verabredungen treffen, Gespräche führen, planen, und mit niemandem mehr darüber reden können. Wer hat dieses tiefe Interesse an dem, was ich tue? Wer kennt mich so gut, dass ich mich auf sein Urteil, seine wache Kritik – oder Anerkennung – verlassen kann?

Doch jeder muss den anderen einmal verlassen. Wir haben einander nur für eine geborgte Zeit. Immer sind es geschenkte Jahre. Aber Gott hat versprochen, dass wir den geliebten Menschen in der Ewigkeit wieder in die Arme nehmen dürfen.

FH: Nachdem ihr erfahren habt, dass dein Vater umgekommen ist, seid ihr in den Westen gezogen.

IB: Nachdem der Heimkehrer mit meiner Mutter gesprochen hatte, war es für sie ganz klar: Es gab keinen anderen Weg. Meine Brüder und ich waren sogenannte Akademiker-Kinder mit einem christlichen Hintergrund. Wir hätten damals im Osten kein Abitur machen dürfen. Meine Mutter hätte auch keine Pension bekommen.

Die Schwester meiner Mutter lebte mit ihrem Mann und den Kindern in Ostfriesland. Sie schrieb meiner Mutter, sie solle doch zu ihnen kommen, sie würden schon eine Wohnung für sie finden. Daraufhin ging meine mutige Mutter fünfzehn Mal »schwarz« über die damals »grüne Grenze« – über Felder, durch einen Wald und den Grenzfluss. Immer wieder brachte sie etwas von unseren Habseligkeiten in den Westen. Für diese Fluchtwege gab es »Schlepper«, die sich ihre Hilfe teuer bezahlen ließen. Doch diese Fluchtwege wurden oft verraten. Das erlebte auch meine Mutter. Einmal nahm man sie sogar gefangen und schloss sie für eine Nacht in der Russischen Kommandantur ein. Als Schikane befahl man ihr, den gesamten Fußboden mit einem taschentuchgroßen Scheuerlappen zu wischen.

Es war an einem Sonnabend vor dem Erntedankfest. Da saß sie nun in ihrer Zelle, hatte Hunger und dachte verzweifelt: »Wie geht es weiter?« Plötzlich kam der Leiter der Kommandantur mit einem Teller Essen, schloss die Zelle auf, gab ihn ihr und sagte: »Ich teile mein Essen mit Ihnen. Sie tun mir so leid.« Am Tag darauf wurde sie entlassen und konnte wieder nach Hause fahren.

Nach einigen Monaten hatte sie es geschafft: Ein Möbeltransportunternehmen nahm uns bei

»Nacht und Nebel« mit über die Grenze. Ostfriesland wurde unsere neue Heimat.

FH: Du bist dann dort zur Schule gegangen. Ich nehme natürlich an, dass du eine Musterschülerin warst?

IB: Das war ich bestimmt nicht. Einige Fächer fielen mir leicht, wie Deutsch, Geschichte, Philosophie, Sprachen usw. Aber die naturwissenschaftlichen Fächer wie Mathe und Physik liebte ich nicht. Für die musste ich immer richtig pauken.

Mit großer Begeisterung war ich jahrelang Klassensprecherin. Energisch kämpfte ich für alles, was meine Klasse anging. Ich hatte immer eine große Wahrheitsliebe und war empört, wenn uns Unrecht getan wurde. Belustigt prophezeiten meine Klassenkameraden, ich würde bestimmt einmal Rechtsanwältin.

FH: Wie ging es dann nach dem Abitur weiter?

IB: Schon in der Schulzeit war Deutsch mein Lieblingsfach. Ich entdeckte, wie faszinierend es ist, mit dem geschriebenen Wort zu »reden«, als ob Zuhörer da wären. Bereits damals wollte ich Journalistin werden. Nachdem ich mich als Fünfzehnjährige entschieden hatte, mein Leben Jesus anzuvertrauen, wollte ich anderen von ihm erzählen und darüber schreiben. Ich studierte Germanistik und Philosophie – eine gute Grundlage für den Beruf, dachte ich. In diesen Fächern habe ich dann auch promoviert.

FH: Du hast in der bewegenden Zeit der 68er studiert. Da hat eine große gesellschaftliche Entwicklung stattgefunden. Welche Erfahrungen hast du in dieser Umbruchzeit während des Studiums gemacht?

IB: Natürlich waren die 68er eine große Herausforderung. Es war der Aufstand gegen die »Vätergeneration«. Marcuse, Rudi Dutschke und viele andere machten sich zum Sprachrohr der Studenten. Dutschke war eine besonders beeindruckende Persönlichkeit – sein Charisma, seine Rhetorik, seine politische Entschlossenheit. – Es war eine unruhige Zeit auf dem Universitätscampus. Ständig fielen Seminare und Vorlesungen aus. Es gab leidenschaftliche Diskussionen, auch Demonstrationen, manchmal kam es auch zu Handgreiflichkeiten.

An einen Tag erinnere ich mich besonders. Ich ging zur Prüfung in das Germanische Seminar. Es stank stockwerkehoch nach Buttersäure, die revoltierende Studenten ausgegossen hatten. Und ich dachte: »Hier sind in den letzten Monaten so viele Seminare und Vorlesungen von Demonstranten blockiert worden. Trotzdem kann ich mein

Examen machen, als ob überhaupt nichts passiert wäre.«

FH: Du hast dich zu einer Promotion entschlossen. Natürlich würde mich das Thema deiner Doktorarbeit sehr interessieren.

IB: Als mich mein Professor fragte, ob ich nicht eine Dissertation schreiben wolle und welches Thema mich interessieren würde, entschied ich mich für den Schriftsteller Wilhelm Raabe. Er gehört in die aufregende Zeit der Industrialisierung, in den Übergang vom 19. zum 20. Jahrhundert. Aufbruch, Suche nach einem neuen Ich, soziale Auseinandersetzung, der Mensch in der Arbeitswelt – das waren spannende Fragen. Außerdem fiel mir bei der Recherche auf, dass Raabe in seinem Werk immer wieder Inhalte der Bibel verarbeitet. Dieses Phänomen der »Säkularisation als sprachbildende Kraft« wollte ich untersuchen. Dabei ging es um die Aussagekraft eines biblischen Inhalts in einem säkularen Text. Das Thema meiner Dissertation lautete: »Das Bibelzitat als Strukturelement im Werk Wilhelm Raabes«.

FH: Wenn du das so erzählst, komme ich natürlich sofort zu der Frage: Wie hast du zu Gott gefunden? Oder anders ausgedrückt: Wie hat er sich in deinem Leben bemerkbar gemacht?

IB: In meiner Familie war es selbstverständlich, in die Kirche zu gehen – genauso selbstverständlich waren für uns der Kindergottesdienst und später die Konfirmation. Damals habe ich gar nicht darüber nachgedacht, wie ich persönlich zum Glauben stand. Doch als ich zwölf oder dreizehn Jahre alt war, quälten mich plötzlich Gedanken: Was wird nach dem Tod? Wie ist das mit der Ewigkeit? Wozu bist du eigentlich da?

In diesen Jahren lernte ich einen Missionar aus England kennen, Major Ian Thomas, den Gründer der »Fackelträger« (englisch: *Torchbearer*), einer internationalen Missionsbewegung. Dieser Name ist eine Art Symbol: Der eine erzählt dem anderen von Jesus Christus und übergibt ihm damit die »Fackel des Glaubens«.

Major Thomas hielt an drei Abenden Vorträge in unserer Stadt. Ich hörte ihm gebannt zu. Als er zum Schluss einlud, das Leben Jesus zu übergeben, fehlte mir der Mut. Doch Gott ist immer überraschend. Er weiß, wie er seine Menschen erreichen kann. Nachdem wir uns von Major Thomas verabschiedet hatten, stand er am nächsten Tag plötzlich vor unserer Haustür. Sein Auto hatte eine Panne und die Reparatur sollte ein paar Stunden dauern. Er wusste, dass wir ganz in der Nähe der Werkstatt wohnten, und fragte, ob er so lange bei uns bleiben könne. Diese Stunden wurden für mich zu einem Schlüsselerlebnis: Ich vertraute mein Leben Jesus an.

FH: Das war sozusagen der Schritt über die Linie. Nun wird mir auch klar, was die »Fackelträger« mit deinem Leben zu tun haben. Welche neue Perspektive hat sich durch diese Entscheidung für dich aufgetan?

IB: Schon als Schülerin hatte ich mir gewünscht, einmal journalistisch zu arbeiten. Nachdem ich die Promotion abgeschlossen hatte, bot man mir eine Redaktionsstelle bei einer christlichen Zeitschrift für junge Leute an. Ich war begeistert. So konnte ich durch das Schreiben Menschen liebevoll zu einem Leben mit Jesus einladen.

FH: Und plötzlich warst du Chefredakteurin beim sehr geschätzten »contrapunkt«. Ich weiß noch, dass diese Zeitschrift für Oberschüler und Studenten eine gute und ausgesprochen hilfreiche Lektüre war.

IB: Als ich meine erste Ausgabe vorbereitete, spürte ich so etwas wie eine innere Elektrizität. Meine Aufgabe war es nicht nur, Texte zu schreiben und zu redigieren, sondern auch alle Fotos zur Illustration auszusuchen. Als nun dieses Heft herauskam, erhielt ich viele Anrufe: »Die Zeitschrift hat ja ein neues Layout. Prima!«

Damals entdeckte ich, wie faszinierend es ist, Bilder zu finden, die »reden«. Illustrationen sind so etwas wie eine zweite Sprache des Textes. Sie machen dem Leser »Appetit«, den Artikel zu lesen. In dieser Zeit begann meine Liebe zur »Bildersprache«. Und diese Liebe habe ich heute noch.

FH: Dann kam die spannende Zeit der Begegnung mit Billy Graham, dem großen Evangelisten unserer Zeit. Das hatte doch sicher tiefe Auswirkungen auf dein ganzes Leben?

IB: Als ich zur Schule ging, hörte ich zum ersten Mal von Billy Graham. Es war 1956. Vor dem Brandenburger Tor fand eine Zeltevangelisation statt. Von allen Seiten strömten die Menschen dorthin. Ich saß unter den Zuhörern und dachte: »Faszinierend, dieser Billy Graham!« Er predigte leidenschaftlich und überzeugend: »Du brauchst Jesus! Nur er kann dir deine Schuld vergeben! Mit ihm kannst du ein neues Leben beginnen!« Wenn er dann aufrief, eine Entscheidung für Jesus zu treffen, strömten die Menschen nur so nach vorn. Viele hatten Tränen in den Augen. Die Presse nannte ihn »das Maschinengewehr Gottes«. Nie hätte ich gedacht, dass ich einmal für ihn arbeiten würde.

Nun war es 1971, und ich war voller Freude Redakteurin beim »contrapunkt«. Da traf plötzlich eine Einladung zum »European Congress on Evangelism« in Amsterdam ein, veranstaltet von der »Billy Graham Evangelistic Association« (BGEA). Zusammen mit anderen jungen Leuten war ich eine Vertreterin der jungen christlichen Journalistengeneration. Peter Schneider, damals der Generalsekretär der Deutschen Evangelischen Allianz, hatte mich empfohlen. Er kannte mich durch die Missionsarbeit der »Fackelträger«.

Als ich zum ersten Planungsgespräch eintraf, begegnete mir Cliff Barrows, einer der engsten Mitarbeiter von Billy Graham. Ich hatte ihn Jahre vorher bei einer anderen Veranstaltung mit Billy Graham in der Deutschlandhalle in Berlin kennengelernt.

Jetzt erzählte mir Cliff Barrows, der deutsche Zweig der BGEA suche dringend eine Redakteurin für die Zeitschrift »Entscheidung«, die deutsche Ausgabe der amerikanischen Zeitschrift »Decision«. Überzeugt sagte Cliff Barrows: »Du, das wäre doch das Richtige für Dich. Und Du wärst auch die Richtige für uns.« Die Frage ließ mich nicht mehr los.

In den nächsten zwei Jahren erhielt ich immer wieder Briefe von George Wilson, dem Direktor der Finanzabteilung der BGEA, und Dr. Sherwood Wirth, dem Chefredakteur der »Decision«. Sie waren überzeugt, dass ich die Redaktion der »Entscheidung« übernehmen müsse. So luden sie mich auch zu einer »School of Christian Writing« nach Minneapolis ein. Es war eine Schulungswoche für engagierte Christen, die »schreiben« lernen wollten. Ich sollte ein Seminar über Foto-Text-Gestaltung leiten. Begeistert sagte ich zu.

Die Tage in Minneapolis waren wie eine Kette schöner Perlen. Ich fühlte mich reich beschenkt. Bevor ich abreiste, beteten George Wilson und Sherwood Wirth noch einmal mit mir. Da hörte ich, wie George Wilson doch tatsächlich betete: »Herr, wir danken dir, dass du Irmhild zu uns geschickt hast, und freuen uns, dass sie die Leitung der ›Entscheidung‹ übernehmen wird.«

»Was für ein Gebet«, dachte ich »so ist Amerika. Ich habe noch nicht einmal zugesagt, da bin ich schon vereinnahmt.« Doch ein Jahr später war es auch mir klar: Das ist deine neue Herausforderung!

Am 1. Mai 1974 begann ich, in Berlin ein Büro aufzubauen. Ich fand nur ein paar Schreibtische, einen Telefonanschluss und einige Regale vor. Im Übrigen waren die Räume völlig leer. Das eigentliche Büro der deutschen BGEA befand sich in einem Dorf in der Nähe von Frankfurt am Main. Aber dort sah ich keine Perspektive für meinen neuen Auftrag. Ich brauchte doch Menschen, Kontakte, viele Gemeinden. Die hatte ich dort aber nicht. Die Amerikaner mussten das irgendwie erkannt haben. Jedenfalls erlaubten sie mir, die Redaktion in Berlin zu eröffnen.

Als ich in den leeren Räumen stand, wurde mir schwindelig. »Du musst verrückt sein«, dachte ich. »Da gibt es ein fixfertiges Büro, und du willst jetzt unbedingt alles allein machen.«

Aber ich bekam Hilfe. Rainer Harnisch leitete damals die »Campus für Christus«-Arbeit in Berlin. Als er von meiner Situation hörte, bot er sofort an: »Wir beten für dich.« Und das tat das Team monatelang, jeden Tag, ganz treu. Der Anfang war schwer. Einige Menschen nutzten meine Unerfahrenheit frech aus. In den ersten vier Monaten dachte ich oft: »Das schaffst du nicht!« Aber es ging voran.

FH: Auf einmal hattest du die Verantwortung für die deutsche Ausgabe der weltweit bekannten, evangelistischen Zeitschrift »Entscheidung« zu tragen.

IB: Als Freunde hörten, welchen Job ich übernommen hatte, hieß es: »Mach aus der Zeitschrift bloß ein deutsches Magazin. Die war doch bisher viel zu ›amerikanisiert‹.« Ein Leser aus München schrieb: »Ich wünsche Ihnen für die ›Entscheidung‹ eine gute Mischung: Verbinden Sie den lutherisch geprägten Glauben, der ›auf dem Boden bleibt‹, mit dem Mut machenden amerikanischen Halleluja.« Diesen Rat habe ich nie vergessen. Ein alter Freund sagte: »Jesus muss immer die Mitte deiner Zeitschrift sein. Jeder Schritt, den du von ihm weggehst, führt in die falsche Richtung.«

Und die Zielgruppe? Man konnte die Leser nicht einstufen in alte und junge. Hier ging es um Menschen, die eine Evangelisation mit Billy Graham besuchten, querbeet durch alle Schichten der Gesellschaft, ganz gleich welcher Ausbildung, ganz gleich welchen Alters. Die Texte sollten sowohl die erreichen, die noch wenig vom Glauben wussten, als auch denen »Schwarzbrot« bieten, die schon gläubig waren. – Bis heute hat sich an dieser ungewöhnlichen Zielgruppe nichts geändert.

»Entscheidung«, der Name der Zeitschrift, ist mir in all den Jahren sehr kostbar geworden. Beim Glauben geht es nicht um »Wischiwaschi«, sondern um ein verbindliches Ja oder Nein – es entscheidet über die Ewigkeit.

FH: Die Zeitschrift erschien ja zunächst in Schwarz-Weiß und die Auflagenhöhe dümpelte so ein bisschen vor sich hin. Wie wurde »Entscheidung« dann zur ersten missionarischen Zeitschrift in Deutschland?

IB: Das ist allein dein Verdienst, Friedrich. Du hattest die Idee und den richtigen »Riecher«, wie so viele Male in deinem Leben. Wir lernten uns 1971 kennen, bei dem European Congress on Evangelism in Amsterdam. Du warst gerade dabei, deinen Musik-Verlag Laudate zu einem christlichen Buchverlag auszubauen. Als wir uns später noch einmal trafen, machtest du mir einen aufregenden Vorschlag: Ich solle doch eine Sonderausgabe der »Entscheidung« herausbringen, vierfarbig, Auflage: 200 000 Stück, und du würdest sie auch bezahlen.

Ich jubelte: »Herrlich, endlich mal raus aus ›schwarz und weiß‹. Endlich dürfen Christen einmal ›Farbe zeigen‹.«

Die Ausgabe war ein voller Erfolg. Als Billy Graham sie sah, leuchteten seine Augen: »Farbe ist ja etwas Wunderschönes, aber ich fürchte, das ist alles zu teuer!«

Während der Vorstandssitzung der deutschen BGEA, die kurz darauf stattfand, stand er plötzlich in der Tür und sagte: »Ich habe gerade einen Moment Zeit und möchte mit euch über die Farbausgabe der Entscheidung reden. Zu gern möchte ich sie in Farbe fortsetzen, aber ich muss zuerst mit dem amerikanischen Vorstand darüber reden. Schließlich kostet das ja eine Menge.« Wie ein Blitz ging es durch mich hindurch: »Das ist der richtige Augenblick!« Du hattest mir einen Brief mitgegeben, Friedrich, und darin zugesichert, du würdest dich an einer solchen Produktion beteiligen. Diesen Brief zog ich jetzt schnell aus der Tasche. Billy Graham las ihn aufmerksam und versicherte dann: »Ihr werdet in ein paar Wochen von mir hören.«

Nach der Sitzung sagte ein Mitglied aus dem deutschen Vorstand zu mir. »Du weißt wohl nicht, was wir heute vorhatten?« Ich sah ihn erstaunt an: »Was denn?« »Heute wollten wir die

›Entscheidung‹ einstellen, weil uns die Auflage zu niedrig ist.« Darauf ich: »Aber ich habe sie doch gerade erst übernommen.« Darauf er: »Der deutsche Vorstand ist der Meinung, dass man mit unseren anderen evangelistischen Projekten effektiver arbeiten kann.« Noch heute höre ich, wie ich antwortete: »Da siehst du wieder, Glaube hat nichts mit Tod, sondern nur mit Auferstehung zu tun.«

FH: Man könnte also sagen, Billy Graham hat die Entscheidung für die »Entscheidung« getroffen?

IB: Zu der Zeit gab es weltweit sechs Ausgaben der Zeitschrift – englisch, deutsch, spanisch, französisch, chinesisch und japanisch. Die erste deutsche Ausgabe, die Nullnummer, erschien 1963. Nun kam im Januar 1976 die deutsche Ausgabe vor den fünf anderen in Farbe heraus. Das rief viel Aufregung hervor. »Entscheidung« wurde zu einem Pilotprojekt in Deutschland. Sie war die erste evangelistische Zeitschrift in vier Farben.

FH: Ich erinnere mich noch genau an das Thema der Sondernummer, »Allein in der Masse«. Wir haben sie in einer hohen Auflage gedruckt. Mich würde interessieren, wie sich die Auflage der Zeitschrift von da an entwickelt hat.

IB: Diese Sondernummer ist auch dein Verdienst. Ohne dich wäre die Entwicklung der Zeitschrift nie so schnell vorangegangen.

In den ersten Jahren wurde die »Entscheidung« verschenkt, vor allem an die Spender der BGEA. Jeder, egal wie viel er spendete, erhielt ein kostenloses Abonnement. In Amerika machte man es mit der »Decision« ähnlich. Doch die Sondernummer öffnete uns die Augen: Wir stellten fest, dass der Dschungel an Adressen gerodet und die Abonnements bezahlt werden mussten.

FH: Durch dein Leitungsamt und die enge Zusammenarbeit mit der BGEA hast du viel gelernt und das auch weitergegeben?

IB: »Ermutigung« wurde ein wichtiges Wort für mich. Wir Deutschen kritisieren so schnell, der Amerikaner lobt zuerst. Das halten viele für oberflächlich. Manchmal ist es das sicher auch. Aber die Deutschen mit ihrem »Gejammer« sind viel schlimmer. Lob macht Mut. Kritik reißt herunter. Meine amerikanischen Freunde schenkten mir von Anfang an viel Vertrauen und Freiheit. Das hat mich beflügelt. Überhaupt: Je mehr Weite man mir gibt, je mehr ich meine Flügel ausbreiten darf, umso besser kann ich »fliegen«.

Und das Wort »Respekt« wurde für mich sehr kostbar. Wie begegne ich einem Christen aus einem anderen Kulturkreis? Wirklich als Bruder oder Schwester? Umso glücklicher war ich, als einmal jemand aus dem Billy-Graham-Team sagte: »Mit keinem anderen Partner haben wir seit mehr als 40 Jahren ein so gutes Miteinander wie mit dem deutschen Büro.«

Meine internationale Aufgabe vertiefte auch meine Liebe zum »Networking«. Es ist wunderbar, die vielen Kontakte miteinander zu »vernetzen«. Wer mich kennt, witzelt oft: »Na, vermittelst du wieder Kamele?« Warum Kamele? Weil ich tatsächlich schon Hund und Katze vermittelt habe, »Himmel und Menschen«, aber eben noch keine »Kamele«. Dabei gehören sie zu meinen Lieblingstieren.

FH: Durch deine Aufgaben als Chefredakteurin der Zeitschrift »Entscheidung« hattest du viele Begegnungen mit Persönlichkeiten aus der weiten Welt. Wer hat dich, wenn ich einmal so fragen darf, am meisten beeindruckt? Billy (Graham), Joni (Eareckson Tada) oder Corrie (ten Boom)? Oder waren es andere?

IB: Alle drei haben einen tiefen Eindruck hinterlassen. Sicherlich ist die Verbindung zu Billy Graham am stärksten, weil mein Leben bis heute mit ihm und seinem Dienst verbunden ist. Doch auch Corrie ten Boom mit ihrer Liebe zu den Deutschen hat mich sehr bewegt. Sie lebte so eindrücklich Vergebung. Immer noch sehe ich sie vor mir: Das ruhige, klare Gesicht, die leuchtenden blauen Augen, die schlichte Hochfrisur und die Kette mit dem Fisch um den Hals.

Einmal lud sie mich zu einer typisch holländischen Tasse Kakao ein. In dem Gespräch über ihren Predigtdienst nach der Zeit im Konzentrationslager erzählte sie: »Wenn ich nach dem Krieg in Deutschland predigte, kamen mir von den Zuhörern oft so viel Dunkelheit und Belastung entgegen, dass ich dachte, ich könnte kein Wort hervorbringen. Dann betete ich leise und spürte, wie die dunkle Wolke wegzog. Und plötzlich konnte ich frei reden.«

Joni Eareckson Tada lernte ich zehn Jahre nach ihrem Unfall kennen. Billy Graham hatte uns zu einer Veranstaltung in die USA eingeladen. In ihrer strahlenden und so menschennahen Art berichtete Joni, wie viel der Glaube für sie als Querschnittgelähmte bedeutete. Mit siebzehn Jahren hatte sie sich bei einem Badeunfall sozusagen das Genick gebrochen. Doch sie gab nicht auf und baute eine weltweite Organisation auf, »Joni and Friends«.

Einmal sagte sie einen Satz, an den ich immer dachte, wenn ich am Meer war: »Wie gerne würde ich wieder den Sand zwischen den Zehen spüren!« – Nie hätte ich gedacht, dass ich eines Tages Jonis Schicksal teilen würde.

FH: Was hat dich an Billy Graham am meisten beeindruckt?

IB: Seine klare Aufforderung »Heute zu Jesus! Entscheide dich heute für ein Leben mit ihm!« Nicht erst auf den Tag X warten, an dem ich vielleicht mit dem Glauben ernst mache. Nein, sich heute entscheiden, weil ich nicht weiß, wie lange ich lebe, wie viel Zeit mir noch bleibt.

Mich beeindruckten tief die Freude und Überzeugung, mit der er Jesus verkündete. Bei jeder seiner Veranstaltungen sagte er: »Du kannst mit Christus neu beginnen, selbst wenn du meinst, alles wäre zu Ende. Wenn du bereust, was du getan hast, schenkt er dir Vergebung.«

Begriffe wie Schuld und Bekehrung werden heute gerne »wegpsychologisiert«. Stattdessen heißt es: »Wer kann schon dafür …?« Billy Graham dagegen spricht klar über die Frage der Schuld. Dabei macht er deutlich: Wenn ein Mensch Jesus begegnet, geht es um Umkehr und Trennung von dem alten Leben ohne Gott. Es geht um Sündenerkenntnis und die Frage »Was kommt nach dem Tod? Wie kann ich vor Gott bestehen, wenn er mich einmal zur Rechenschaft zieht?«

Im Mittelpunkt seiner Predigten steht das Wort aus dem Johannesevangelium (3,16): »Denn also hat Gott die Welt geliebt, dass er seinen eingeborenen Sohn gab, damit alle, die an ihn glauben, nicht verloren werden, sondern das ewige Leben haben.«

Verblüffend ist auch der Humor von Billy Graham. Wie oft haben wir bei den Teammeetings über seine schlagfertigen Bemerkungen und witzigen Geschichten gelacht.

Er ist immer informiert über alles, was in der Welt geschieht. Neben der Bibel ist die Zeitung seine tägliche Lektüre.

Ein besonderes Geschenk ist die Herzlichkeit, mit der er und seine Frau Ruth mir begegneten. Gerade in den Jahren nach meinem Unfall haben mich ihre Briefe immer wieder getröstet.

FH: Das waren gute Vorbilder, die dir sicherlich manche Impulse gegeben haben. Aber erzähl doch bitte, wie und warum du dich mit so einer Kraft, mit vollem Engagement und solcher Freude in die evangelistische Arbeit eingebracht hast!

IB: Es gibt nichts Schöneres, als mit Jesus unterwegs zu sein. Und unendlich viele gehen mit. Es ist eine große internationale Familie. Ich spreche weder chinesisch noch japanisch oder eine afrikanische Sprache. Doch sobald ich Christen aus anderen Ländern begegne, geschieht etwas Geheimnisvolles: Wir verstehen einander, als ob wir uns schon lange kennen würden. Und wenn dann einer berichtet, was Gott in seinem Leben getan hat, packt mich eine große Freude: Überall hat Gott seine Leute. Wie unglaublich vielfältig hat er jeden einzelnen Menschen begabt. Überall sieht man seine Spuren, wie eingemeißelt in den Boden. Tief eingegraben in die Geschichte der einzelnen Schicksale. Das ist überwältigend. Es gibt keinen Zweifel: Da ist die Wahrheit! Eigentlich müssten doch alle Leute zu dieser Wahrheit rennen Aber sie tun es nicht.

Wie oft erlebe ich, dass Gott Wunder tut: Vor einigen Jahren hatte ich einen Autounfall, bei dem ich beinahe ums Leben gekommen wäre. Aber Gott bewahrte mich. Oder ein anderes Erlebnis: Mein Gesicht wurde bei einem Brand nahezu versengt. Doch Gott heilte die verbrannte Haut, ich hatte nicht eine einzige Narbe.

Nein, der große Gott schwebt nicht auf einer Wolke, weit weg. Er ist ganz nah bei uns – und das zu entdecken, ist ein tägliches Abenteuer.

Ich kann gar nicht anders, als mich an seine Hand zu klammern und alles von ihm zu erwarten.

FH: Es fällt auf, dass nicht nur du, sondern die ganze Bärend-Familie so evangelistisch lebt. Dabei denke ich auch an deinen jüngeren Bruder, Hartmut, der bis vor Kurzem die Leitung der Arbeitsgemeinschaft Missionarische Dienste (AMD) in Deutschland innehatte. Ich denke aber auch an deinen leider schon verstorbenen Juristenbruder, Dietrich, der in seiner treuen Arbeit mit Traktaten in Berlin so unglaublich schöne Erlebnisse hatte.

IB: Es war gerade dieser Juristenbruder, der für uns zum »Fackelträger« wurde. Als siebzehnjähriger Schüler trampte er in den Ferien durch England. Dort lernte er die missionarische Arbeit der Fackelträger kennen und ihren Gründer Major Thomas. Wie glücklich war ich, als Major Thomas später auch meinen jüngeren Bruder und mich in das alte englische Schloss Capernwray Hall einlud, das Zentrum der missionarischen Bewegung. Es liegt in der Nähe von Carnforth, North Lancashire. Dort fand mein Bruder zum Glauben an Jesus.

Später studierte er Jura und übernahm einen Posten im Staatsdienst. Dabei fragte er sich: »Wie kann ich Gott in der Behörde dienen, in der ich arbeite?« Sein Amt befand sich in der Nähe des Flughafens Berlin-Tempelhof. Dort standen die Taxis Schlange. Eines Tages zeigte Gott ihm deutlich: »Hier ist dein ›Missionsfeld‹.« So ging mein Bruder jeden Abend nach Dienstschluss von Taxi zu Taxi, von Bus zu Bus und verteilte christliche Literatur. Er hatte eine besondere Gabe, Menschen für Jesus zu gewinnen.

Mein jüngerer Bruder wurde Theologe. Nach vielen interessanten Aufgaben leitete er bis zu seiner Pensionierung die AMD. Seine große Leidenschaft ist die »Volksmission«. So ist er ständig unterwegs zu Vorträgen und Predigten und schreibt auch Bücher.

FH: Im Zusammenhang mit der Zeitschrift »Entscheidung« schreibst du regelmäßig deine »Dazu«-Artikel. Mit Liebe und Verantwortung. Manche davon wurden ja auch in einigen Publikationen zusammengefasst. Sie sind bis ins Detail ausgefeilt.

IB: Schreiben ist eine besondere Verantwortung. Das »gehörte Wort« läuft schnell weg. Das, was man sieht, gleitet auch rasch vorbei. Doch das geschriebene Wort bleibt. So ist es mir wichtig, dass alles, was ich schreibe, eine klare Sprache hat. Es muss authentisch sein und Menschen einladen, ihr Herz für Jesus zu öffnen. Ich bin kein Perfektionist, aber ich arbeite an meinen Texten wie ein Bildhauer: Immer wieder setze ich den Meißel an und glätte Ecken und Kanten. Und doch weiß ich, dass die Artikel erst durch den Geist Gottes lebendig werden. Wenn er die Worte zum Leuchten bringt, werden Menschen erreicht. Jedes meiner Manuskripte »umbete« ich, und einige Freunde beten mit. Ich wünsche mir so, dass die Seele des Lesers berührt wird und er erkennt, wie sehr Jesus ihn liebt.

FH: Du hast oft gesagt: »Otto« muss die Texte verstehen. Und damit meinst du den »Otto Normalverbraucher«?

IB: Beim Schreiben habe ich einen Leitsatz: »Was ich nicht einfach sagen kann, muss ich auch nicht kompliziert sagen!« Es wird so vieles in Fremdwörter verpackt oder in einer Art »Kunstsprache« formuliert. Wörter aus dem Englischen werden zum Beispiel mit Wörtern aus dem Deutschen kombiniert – das Ergebnis ist oft ein richtiges Kauderwelsch.

Wenn es um das Wort Gottes geht, muss es jeder verstehen können. Es berührt die tiefen Fragen unserer Existenz – Leben und Tod, Frieden, Geborgenheit und Liebe … Es ist eine große Verantwortung, »von Gott zu schreiben« und sich praktisch zu seinem Sprecher zu machen.

Du erwähntest meinen Lieblingsleser »Otto«. Das ist natürlich nicht der Künstler Otto, den man aus den Medien kennt. Meinen »Otto« gibt es schon viel länger. Bei meinen verschiedenen Dienstreisen fuhr ich oft mit dem Taxi. Dabei freute ich mich immer auf ein Gespräch mit dem Fahrer. Er ist für mich so etwas wie der »Otto Normalverbraucher«.

Dabei liebe ich besonders den Berliner Taxifahrer. Er ist aufgeschlossen, informiert, diskussionsbereit, hat Humor und das Herz auf dem rechten Fleck. Er lässt sich auf jedes Thema ein und bezieht leidenschaftlich und engagiert Stellung. Alles interessiert ihn. Unbedingt möchte er wissen, was »Sache« ist.

Dazu ein lustiges Beispiel: In der Zeit, als Deutschland noch durch die Mauer getrennt war, nahm ich manchmal für die kurze Strecke Berlin – Hannover das Flugzeug. Als ich an einem Sommermorgen, gegen fünf Uhr, im Taxi saß, sagte der Fahrer zu mir: »So, so, nach Hannover woll'n Se. Und det bei dem schönen Wetter? Na, warum woll'n Se denn fliejen? Ick fahr Ihnen jlatt hin.« Den ganzen Tag lang schmunzelte ich über diese köstliche Bemerkung.

Otto wurde für mich zum »Lesertyp« der »Entscheidung«. Im Laufe der Jahre habe ich vielen »Taxi-Ottos« Ausgaben der Zeitschrift geschenkt. Ich bin überzeugt: Wenn »Otto« die Texte versteht, kann jeder etwas damit anfangen, egal, welchen Hintergrund er hat. »Otto« wurde für mich zu einem so selbstverständlichen Partner, dass der Leiter der Druckerei einmal zu meinem Grafiker sagte: »Ach, wollten Sie ihr auch schon mal ein Foto von Otto schenken?«

FH: Du hast von der Verantwortung vor Gott gesprochen. Fühlst du dich von daher gesehen auch als »Menschenfischerin«?

IB: Ja, mir geht es wie den Jüngern. Ich bin leidenschaftliche »Fischerin«. Überhaupt finde ich das

45

Bild vom Fischer, dem Fischen und dem Netzeknüpfen wunderbar. Es bedeutet: Geduld haben und warten. Außerdem liebe ich es, dem Wasser zuzuhören, wie es redet, laut oder leise. Man muss nur ganz still sein, um zu verstehen, was es sagt.

Als ich zum Glauben an Christus fand, wurde diese Entscheidung für ihn zu einem Auftrag für mich. Mir war, als hörte ich ganz deutlich: »Jetzt erzähle anderen davon ...« Dieser Auftrag wurde im Laufe der Jahre größer und größer. Dabei dachte ich oft: »Gott wird dich eines Tages fragen: ›Wo sind die Menschen, die du mit in die Ewigkeit bringen solltest?‹« Da sehe ich meine Verantwortung. Vielleicht bin ich für den einen oder anderen die einzige Person, die ihm von Gott erzählt.

FH: Du hast einmal ein Gedicht über das Kreuz geschrieben, das eine Jugendgruppe vertont hat. Kannst du es noch einmal zitieren?

IB: Ja, es entstand als ich einmal »ganz unten« war.

Aus meiner Nacht

Noch einmal
von vorn anfangen –
wäre möglich?
Wie kann Kaputtes wieder ganz,
ja mehr noch, heil sein?
Der Flecken auf dem Tuch
nicht nur so ausgewaschen,
das Alte nicht renoviert,
nein, völlig neu
mit Markenzeichen »ewig«
und ganz umsonst,
nur »danke« beim Empfang.
Nichts wird gefordert, abverlangt,
nur Liebe ist da,
selbstlos, voll Erbarmen.

Wie könnt' ich's glauben,
noch einmal wie ein Kind zu sein.
Noch einmal staunen, hoffen
und vergessen
die Schuld, die Niederlagen,
Tränen, Schmerzen.

Ich blicke auf dein Kreuz, Herr,
sehe – die Nägelmale
in deinen Händen, Füßen.

Ich steh' vor deinem Grab
und wirklich, »es ist leer!«
Da endlich wird mir klar,
dass du für mich
an diesem Balken hingst
und mir die Tür geöffnet hast
aus meiner Nacht
in deinen hellen Morgen.

FH: Man spürt dir ab, dass du »Überzeugungstäte-rin« bist und auch mit Leib und Seele mit der »Ent-scheidung« gelebt hast. Das zeigt mir schon die Tat-sache, dass du selbst die Druckqualität der Farbbilder an der Maschine in der Druckerei überprüft hast.

IB: Das habe ich jahrelang getan, mit großer Freu-de. Ich bin sogar nachts aufgestanden und in die Druckerei gefahren, wenn die Zeitschrift in der Nachtschicht gedruckt wurde. Die Männer an der Maschine wussten genau, ich würde kommen und mit ihnen die Farben besprechen. Das hat uns ein-mal tatsächlich »gerettet«. Es ging um das Poster in einer Osterausgabe. Dazu muss man wissen, dass jede »Entscheidung« ein Poster hat, das mit einem Bibelwort versehen ist.

Für diese Ausgabe hatte ich als Motiv einen sehr schönen Hahn gefunden. Da stand ich nun mit den Männern an der Druckmaschine und probierte:

mehr rot, mehr grün, weniger blau. Plötzlich sagte eine Kontrollstimme in mir: »Lies noch einmal den Vers!« Und da stand doch tatsächlich: »Jesus sagte zu Paulus: Ehe der Hahn kräht, wirst du mich drei Mal verleugnen.« Ich habe laut ›stopp‹ gerufen und bin ganz blass geworden. Die Männer sahen mich erstaunt an. Was war passiert? Ich war ein paar Tage verreist und der Posterspruch in dieser Zeit verloren gegangen. Man hatte meinen Grafiker gebeten, ihn noch einmal anzuliefern, und der hatte Petrus mit Paulus vertauscht.

Die Poster in der »Entscheidung« haben eine besondere Funktion. Sie sind meine »Plakatmission«. Sie eignen sich nicht nur für Schaukästen, sie hängen auch in Krankenzimmern, über Schreibtischen, auch Strafgefangene pinnen sie an die Wand. Und wenn Gott sagt, dass sein Wort »nie leer zurückkommt«, liegt hier eine große Chance.

FH: Dann kam die Stabübergabe innerhalb der BGEA von Billy zu seinem Sohn Franklin Graham. Das brachte doch auch für dich sicher manche Veränderungen und vermutlich auch in der gesamten Arbeit dieses Werkes in Deutschland?

IB: Der Übergang vollzog sich ganz allmählich. Ich denke, dass Franklin Graham schon lange auf den Wechsel vorbereitet war. Nun hat er die Verantwortung für zwei internationale Organisationen, für das christliche Hilfswerk »Samaritan's Purse« und die BGEA. Beide haben ihren Sitz in den USA.

In Deutschland passierte etwas Ungewöhnliches: Aus Projekten von »Samaritan's Purse« und der deutschen Billy-Graham-Arbeit wurde »Geschenke der Hoffnung e. V.«.

Diese Entwicklung hat ihren Ursprung in der Aktion »Weihnachten im Schuhkarton«. Ich lernte dieses Projekt für Kinder in Not, das weltweit »Operation Christmas Child« heißt, 1995 kennen. Es wurde mir ein Herzensanliegen.

Jahrelang hatte ich darum gebetet, den Lesern der »Entscheidung« etwas Praktisches anbieten zu können – das Wort Gottes verbunden mit der Tat der Nächstenliebe. Etwas für »jedermann«.

Doch noch einmal einen kleinen Schritt zurück: Franklin Graham erzählte bei einem Teamtreffen von diesem einmaligen Projekt: Man packt zu Weihnachten einen Schuhkarton voll schöner Geschenke für ein Kind in einem der armen Länder dieser Erde. Als ich die Bilder sah und hörte, welche Reaktionen diese Aktion weltweit hervorrief, stand für mich fest: Das müssen wir auch in Deutschland machen! Das ist so einfach und so überzeugend, das kann jeder.

Und wie begann ich? Ich schrieb einfach einen Artikel darüber in der »Entscheidung« und nannte das Projekt »Weihnachten im Schuhkarton«. Ich fand den Namen verständlicher als »Operation

Christmas Child«. Und dann geschah etwas Verblüffendes: Innerhalb von sechs Wochen trafen 1600 gefüllte Schuhkartons in unserem Büro ein. Daraufhin kaufte ich sofort Tapeziertische und stellte sie auf. So konnten die Helfer, die ich organisierte, wie an einer Art Fließband nebeneinander stehen und die Kartons durchsehen.

»Weihnachten im Schuhkarton« breitete sich rasend schnell aus. Nicht nur Deutschland, auch Österreich und die Schweiz machten bald mit. Inzwischen beteiligen sich mehr als zehn »Geberländer«. Im Jahr 2008 kamen so fast acht Millionen Päckchen zusammen. Jedes Jahr werden sie in über einhundert Ländern an bedürftige Kinder verteilt.

»Weihnachten im Schuhkarton« öffnete uns die Augen für weitere Projekte: Waisenhäuser in Thailand, die dringend Hilfe brauchten; an HIV/Aids erkrankte Kinder in Südafrika; Wiederaufbaumaßnahmen nach dem Tsunami usw. So wuchs die Arbeit von Geschenke der Hoffnung e. V.

FH: Ich staune, wie es zu diesem großen Wachstum von »Weihnachten im Schuhkarton« kommen konnte. Einem weltweiten Echo auf diese »Hilfe konkret«.

IB: Wer tut nicht gerne etwas Gutes, ohne irgendwelche Verpflichtungen einzugehen?

Bei diesem Projekt geschieht etwas Geheimnisvolles. Nicht nur die Kinder werden beschenkt, sondern auch die Päckchenpacker.

Kreativität entfaltet sich, Aktionsgruppen und Gebetskreise entstehen. Da sagt ein Ehepaar anlässlich seiner goldenen Hochzeit: »Bitte keine Geschenke. Spenden Sie stattdessen für ›Weihnachten im Schuhkarton‹.«

Da bekleben Bewohner eines Altenheims monatelang leere Schuhkartons mit Weihnachtspapier, damit wieder andere sie füllen können. Plötzlich haben diese Menschen eine sinnvolle Aufgabe, die ihnen Freude macht.

Ich glaube, über »Weihnachten im Schuhkarton« könnten Bücher geschrieben werden, es ist ein Projekt der Liebe. Darum setzt es so viel in Bewegung.

In Verbindung mit den Päckchen wird, wo es möglich ist, ein Heft in Landessprache angeboten, das Geschichten aus der Bibel kindgerecht erzählt. Und die Kinder verstehen schnell: Das größte Geschenk ist Jesus selbst.

FH: Obwohl diese Aktion für die Entwicklungsländer ein großer Segen ist, wurde »Geschenke der Hoffnung« mehrfach massiv angegriffen. Ganz unberechtigt, wie ich finde. Wie bist du mit diesen, teilweise bestimmt vom »Futterneid« diktierten, Angriffen zurechtgekommen?

IB: Zuerst war ich einfach nur wütend. Ich dachte: Da wird ein liebevolles Geschenk gepackt und schon stehen die Kritiker da, die oft nur Neider sind, und fangen an zu meckern. Natürlich wird uns bei dem Projekt auch gerne »mangelnde Nachhaltigkeit« vorgeworfen: »Was kann schon so ein kleiner Schuhkarton im Leben eines Kindes ausrichten?«, heißt es. Aber es sind eben nicht nur ein paar Gegenstände in einem Karton – es ist viel, viel mehr.

Ich denke an einen kleinen Jungen in einem Waisenhaus in Thailand. Als dort Schuhkartons verteilt wurden, sagte der Kleine trotzig: »Ich will keinen Schuhkarton, ich will Eltern!« Schließlich konnte man ihn überreden, das Päckchen zu öffnen. Und was fand er? Neben den Geschenken das Bild eines jungen amerikanischen Ehepaares, das schrieb: »Wir haben dieses Päckchen extra für dich gepackt. Wir beten für dich!« Das Kind war sprachlos: »Fremde Menschen schicken mir einen Schuhkarton?« – Und das Ende der Geschichte? Das junge Ehepaar hatte noch keine Kinder. Eines Tages adoptierte es den kleinen Jungen.

Oder ich denke an einen Teenager, der durch den Krieg im Kosovo blind geschossen wurde. Er war vierzehn Jahre alt und lebte in einem Heim. Während man dort Schuhkartons verteilte, streckte er sehnsüchtig die Hände aus. »Lieber Gott, lass mich den richtigen Karton für diesen Jungen finden!«, schickte der Helfer ein Stoßgebet gen Himmel. Als der Junge das Päckchen öffnete, fand er einen Kassettenrekorder darin mit sechs Kassetten. Der Helfer sagte später: »Nie in meinem Leben werde ich das Leuchten auf dem Gesicht dieses Jungen vergessen!«

Durch »Weihnachten im Schuhkarton« erlebt ein Kind, das ausgesetzt wurde oder auf einer Müllhalde haust, wie plötzlich Licht in seine Dunkelheit scheint.

FH: Mein Lehrer, Professor Helmut Thielicke, hat einmal treffend formuliert, als er angegriffen wurde: »Wer sich einsetzt, setzt sich aus.« Wenn man solche großen Dinge initiiert, muss man dann mit diesen Angriffen rechnen und auch damit leben?

IB: Damit hatte ich überhaupt nicht gerechnet. Die Angriffe kamen so schnell, dass ich manchmal gar nicht wusste, wie ich reagieren sollte. Sie waren ungerecht und taten weh. Es war deutlich, dass Menschen etwas sehr Schönes kaputt machen wollten. Die Unterstellungen waren oft haarsträubend. Einer sagte immerhin ehrlich: »Wir ärgern uns, dass wir nicht selbst diese Idee hatten!«
Es gibt Pfarrer, die an ihre Gemeinde schrieben: »Vor dieser Aktion warnen wir. Unterstützen Sie stattdessen unsere eigenen Projekte!« In einigen Fällen mussten wir sogar mit juristischer Hilfe gegen Verleumdungen vorgehen. Wie oft dachte

ich: »Gut, dass die Kinder in den Krisengebieten nichts davon erfahren.«

FH: Und trotzdem bist du fröhlich geblieben?

IB: Ich wollte mich nicht von der Aufregung abhängig machen. Mir ging es um das Projekt und den Auftrag. Und dieser Auftrag ist so schön, dass er den ganzen Einsatz lohnt.

FH: Ja, liebe Irmhild, und dann geschah etwas Schreckliches. Du kamst gerade von einer Vorstandssitzung aus den USA zurück. Und dann bist du in deiner Wohnung gestürzt, ein schwerer Unfall. Wie konnte das passieren?

IB: Das war Ende November 2004. Es war ein besonders schweres Jahr für mich mit einer Fülle menschlicher und beruflicher Belastungen. Wieder hatte ich eine anstrengende Sitzungsreihe in den USA hinter mir und kam von einem langen Flug erschöpft zurück. Doch ich gönnte mir keine Ruhe, sondern ging gleich am nächsten Tag ins Büro. Am Abend war ich total ausgehöhlt und fühlte mich sehr elend. Mitten in der Nacht wachte ich auf und suchte das Bad auf, weil mir so schlecht war. Kurz darauf muss ich gestürzt sein. Jedenfalls wachte ich irgendwann danach aus einer Ohnmacht auf. Als ich aufzustehen versuchte, merkte ich: Der Oberkörper reagiert nicht und der Unterkörper macht auch nicht mit. Im selben Augenblick wurde mir klar: Das ist ein Querschnitt!

Warum wusste ich das so genau? Ich kannte Joni Eareckson Tada und daher auch ein wenig die Symptome der Querschnittlähmung.

Während ich auf dem Boden lag, rannten die Gedanken durch mein Gehirn. Fieberhaft überlegte ich: Wer kann mir jetzt helfen? Es war mitten in der Nacht, aber ich wusste, irgendwann würde meine Nachbarin mich hören. So begann ich, laut um Hilfe zu rufen. Wie lange ich da auf dem Boden lag, weiß ich nicht. Endlich hörte ich Schritte in der Wohnung nebenan. Dann ging alles ganz schnell.

Am Nachmittag desselben Tages wurde ich operiert. Als ich aus der Narkose aufwachte, teilte man mir mit: »Sie sind ein totaler Pflegefall. Sie werden in Zukunft wahrscheinlich nicht mehr selbstständig atmen können. Sie werden Ihre Schultern nicht wieder bewegen können, Ihre Hände und Füße auch nicht.« Meine Familie stand unter Schock. Es war wie ein Nebel, der mich und die Intensivstation umhüllte.

Einiges von dem, was damals prognostiziert wurde, ist wunderbarerweise nicht eingetreten. Schon zwei Tage nach meiner OP konnte ich wieder selbstständig atmen. Ganz langsam kamen auch einige Bewegungen zurück, nur leider haben Hände und Füße keine Funktionen. Am schlimmsten war und ist die Spastik, die den Körper in Krämpfen unvermutet überfällt. Muskeln ziehen sich schmerzhaft, ruckartig zusammen und lösen sich nur langsam. Viele Therapien sind nötig, um den Körper immer wieder zu dehnen und zu strecken. Ach, wie sehr wünsche ich mir, Gott eines Tages mit erhobenen Armen und Händen wieder loben zu können.

FH: Und wie war die erste Diagnose?

IB: Es hieß, mein Querschnitt sei in der Höhe C3, C4. Das bedeutet zwischen dem dritten und vierten Halswirbel, also extrem weit oben. Ich bin ein sogenannter Tetraplegiker, das heißt, alle vier Extremitäten sind gelähmt und ohne Funktion.

Man unterscheidet zwischen komplettem und inkomplettem Querschnitt. Ich gehöre zur zweiten Gruppe. Deshalb kann ich auch mit Armen und Füßen kleine Bewegungen machen, die aber leider nichts ausrichten. Im Laufe der Jahre ist an einigen Körperstellen das Gefühl wiedergekommen. Nicht so intensiv wie vorher, doch Wahrnehmungen sind da. Auch meine Sitzfähigkeit ist besser geworden und manches andere ebenso. Ich nenne das immer meine »Millimetersiege« – schrittchenweise kleine Verbesserungen.

Dabei geschieht manchmal etwas Aufregendes. Kürzlich leckte mir ein Hund die Hände. Als seine Schnauze und Zunge über meine Pulsadern glitten, dachte ich entzückt: »Das kannst du ja spüren!« Und ich habe den Besitzer des Hundes richtig angestrahlt.

Ich bin auch so dankbar, dass meine Atmung viel besser geworden ist. Anfangs japste ich bei jedem dritten Wort nach Luft. Heute kann ich wieder normal sprechen, merke aber, dass ich das Luftholen aufmerksam kontrollieren muss.

Tief bewegt stelle ich fest: Ich bin noch nicht »am Ende«. Mit Gott gibt es ständig Überraschungen.

FH: Aber einen Hoffnungsschimmer, dass alles wieder gut werden würde – gab es den? Oder gab es ihn nicht?

IB: Der Arzt sagte Nein. Aber jeder, der an Jesus glaubt, lebt von der Hoffnung. Oft schweigt Gott. Und das heißt: Wir sollen warten lernen, bis er redet, bis er uns ruft und wir begreifen: »Er meint mich!« Wer sich danach sehnt, seine Stimme zu hören, kann ihn nur verstehen, wenn er ihm sein Herz öffnet. Dann ist es ganz gleichgültig, ob Gott schreit oder flüstert. Darum warte ich!

FH: Dann musstest du die Erfahrung machen: Ich bin gelähmt. Wie kam das in seiner ganzen Wucht und Tragik auf dich zu?

IB: Es war zunächst wie ein Film. In einer atemberaubender Geschwindigkeit lief mein Leben vor meinem inneren Auge ab. Fieberhaft überlegte ich: Da war ich aktiv – das wird jetzt nicht mehr gehen. Da kannst du nicht mehr mitmachen. Dort wird man dich nur hinbringen können. Treppen sind jetzt deine Feinde. Holperpflaster und Baumwurzeln, Steigungen und Absenkungen werden eine ständige Kampfansage. Dazu kam ein tiefes Ohnmachtgefühl: Von jetzt an kannst du nichts mehr allein. Fremde Menschen werden deine Hände und Füße ersetzen. Es gibt nichts mehr, was dir ganz persönlich bleibt. Jeden Brief, den du liest, muss dir einer öffnen. Jedes Fotoalbum, das du anschaust, muss einer für dich aufblättern, jede Telefonverbindung ein anderer für dich herstellen. Wo immer du unterwegs bist – es muss jemand bei dir sein.

Natürlich überfielen mich auch Gedanken wie: Wenn ich jetzt sterben würde, hätte ich meine Aufgabe erfüllt und könnte abtreten. Hinzu kamen eine große Schwäche und ein tiefes Erschöpftsein. Wie dunkle Wellen überrollte mich die Verzweiflung immer wieder, und ich betete: »Lieber Vater, nimm doch die Dunkelheit von mir!« Und das tat er, barmherzig, wie er ist. Viele Besucher kamen und kommen auch heute noch. In meinem Krankenzimmer standen Blumen über Blumen. Jemand sagte einmal: »Bei deiner Fülle an Besuchern müsste man eigentlich Wartenummern verteilen!«

Dieser Strom von Liebe, Zuwendung und Hilfsbereitschaft ist bis zum heutigen Tag die große Tragfläche meines Lebens. Vor allem aber sind es die vielen, vielen Gebete, mit denen mich Freunde Gott vor die Füße legen. Sie umgeben mich wie ein warmer Mantel. Wie verloren würde ich mir vorkommen, wenn ich nicht wüsste, dass Menschen so treu hinter mir stehen.

FH: Konntest du deine Gefühle und Ängste, vielleicht auch das Nichtverstehen, immer wieder neu auf Gott werfen?

IB: Ja, das war und ist für mich wie durchatmen. Die dunkle Wolke kann noch so schwer sein, sie wird in dem Augenblick leichter, wenn ich meine ganze Traurigkeit Gott in die Hände lege. In den vielen Monaten im Krankenhaus schlief ich sehr schlecht. Zuerst hatte ich eine Bronchitis, dann eine Lungenentzündung. Ich fühlte mich einfach nur schwach, schwach. Stundenlang lag ich in der Nacht wach. Doch diese Zeit war nicht leer. Ich habe sie oft buchstäblich durchgebetet. In diesen Stunden fanden viele meiner kleinen »Nachtgespräche« statt. Ein Pfleger oder eine Pflegerin blieben beim Kontrollgang an meinem Bett stehen und stellten Fragen. Meistens nach dem Glauben. Oder sie erzählten mir ihre Probleme. Und ich hörte zu und betete innerlich um die richtige Antwort.

Dabei wurde mir immer wieder so klar: In unserer Ohnmacht offenbart sich Gottes Macht. Erst wenn wir erkennen, dass wir nichts mehr tun können, und loslassen, fängt er an zu handeln. Loslassen heißt nicht wegwerfen, mein Leben, mich selbst, sondern dem vertrauen, der mich geschaffen hat.

FH: Jemand sagte einmal: Die Irmhild Bärend ist jetzt die »deutsche Joni«. Ich frage mich immer wieder, nachdem wir uns jetzt schon lange kennen: Wie hast du innerlich und äußerlich reagiert auf dieses so schwere Erleben, nur einen Schritt weit entfernt vom prallen Leben bis hin zum ständigen Angewiesensein auf Hilfe? Ist das nicht schlimm, wenn man 24 Stunden am Tag fremde Hilfe braucht?

IB: Ja, das ist schwer. Doch in dieser Zeit habe ich eine Entscheidung getroffen. Ich habe mir klar gemacht, dass es keinen Zweck hat, sich gegen diese Situation aufzulehnen. Vielmehr geht es darum, einen Weg zu finden, mit ihr zu leben und sie zu akzeptieren. Das ist jeden Tag eine neue Mutprobe.

FH: Es muss unendlich schwer sein, rund um die Uhr Hilfe in Anspruch nehmen zu müssen, selbst fürs Naseputzen.

IB: Alles braucht viel, viel Zeit – auch waschen und anziehen. Mehrfach muss ich hin- und hergedreht werden, bis alle Kleidungsstücke an der richtigen Stelle sitzen. Dabei sind meine Arme besonders widerspenstig. Sobald sie durch einen Ärmel geschoben werden, beginnen sie zu zittern und sich zu verkrampfen. Nach dieser morgendlichen Prozedur bin ich zu Beginn des neuen Tages zum ersten Mal müde. Dann folgen die verschiedenen Therapien, über die Woche verteilt. Ich habe nie gewusst, wie viel Kraft der Körper aufbringen muss, um einigermaßen fit zu bleiben.

Da schleicht sich schnell der Gedanke ein: »Lohnt sich das? Kommst du damit wirklich weiter?« Doch bei jeder noch so kleinen Reaktion spüre ich, dass der Körper dankbar antwortet: Ja, ich will.

Als mein neues Leben begann, hatte ich solche Ohnmachtgefühle, dass ich erschöpft dachte: Das überstehst du nicht! Ständig um jedes bisschen bitten zu müssen, war anfangs fast unerträglich für mich. Ich war immer so gerne für andere da. Es machte mir Freude, sie zu umsorgen. Nun kann ich mir nicht einmal ein Haar aus der Stirn nehmen. Wenn ich Schnupfen habe, müssen andere meine Nase putzen.

Es ist manchmal sehr anstrengend, dass ich alles mit Worten beschreiben und erklären muss. Wenn ich einen Gegenstand von rechts nach links gerückt haben möchte oder etwas in meinem Blickfeld steht, das mich stört … Jedes Detail muss ich aussprechen. Manchmal stottere ich geradezu oder suche krampfhaft nach Worten, weil ich mich irgendwie »auserklärt« habe.

Jeden Tag neu erlebe ich schmerzlich, wie abhängig ich bin. Dazu müssen die Betreuer und ich uns immer wieder aufeinander einstellen. Wir alle haben eine andere Persönlichkeit, einen anderen Charakter. Der eine zieht sich schnell zurück, wenn er seine Pflicht getan hat. Ein anderer wartet nur darauf, dass er wieder eine neue Aufgabe hat. Mit vielen Betreuern ist der Kontakt geradezu herzlich. Ach, wie dankbar bin ich, dass da Menschen sind, die sich so fürsorglich um mich kümmern.

FH: Wenn man bei wirklich allen Körperfunktionen auf Hilfe angewiesen ist, ist man ja durchsichtig?

IB: Es hat mich einiges gekostet, diesen Zustand des »gläsernen Patienten« zu akzeptieren. Da sprach ich zum Beispiel im Krankenhaus mit einer Schwester über eine besondere, gesunde Ernährung. Sobald sie das Zimmer verlassen hatte, wusste die ganze Abteilung, wie ich darüber dachte. Es gab kaum etwas, das nur mir allein gehörte, weil ich für alles Hilfe brauchte. Ich kam mir im Krankenhaus oft wie eine Röntgenaufnahme vor – geradezu transparent.

Mein gläsernes Patientendasein hatte aber auch einen evangelistischen Aspekt, und der war sehr schön. Alles, was auf meinem Nachttisch lag, wurde vom Krankenhauspersonal genau beguckt. Natürlich entdeckte man schnell meine Hörbuch-Bibel, christliche Literatur und CDs. Sie lösten manche Gespräche aus. Immer wieder stellte man mir Fragen nach dem Glauben. Meistens ging es um die Bedeutung christlicher Feiertage: Was ist Weihnachten, Ostern, Himmelfahrt oder Pfingsten? Und ich dachte: Wenn du jetzt nicht hier wärst, wer sollte diese Fragen beantworten?

FH: Hast du also durch den Glauben die dunklen Stunden immer wieder überstehen können?

IB: Martin Luther hat einmal gesagt: »Dunkle Gedanken sind wie schwarze Vögel, die über unserem Kopf kreisen. Wir können sie nicht daran hindern zu kreisen, aber wir können sie daran hindern, Nester zu bauen.« Wenn ich merke, dass ich bereits Futter auf der Landebahn ausstreue, ziehe ich sofort meine Hand zurück. Und dann sehe ich, wie die dunklen Vögel wieder wegflattern.

Die Bibel spricht an vielen Stellen vom »Dennoch« des Glaubens. Das heißt: Ich kann nicht, aber Gott kann. Und darum kann ich auch, durch ihn.

FH: Du brachtest vor einigen Jahren ein Buch heraus: »Küsse den Morgen«. Das waren Erlebnisse, die Menschen mit Gott gemacht haben. Als du den Einstieg zu diesem Buch schriebst, wusstest du nicht, wie sehr er einmal dein eigenes Schicksal beschreiben würde.

IB: Ich liebe die Stelle aus dem Johannesevangelium: »Als es aber schon Morgen war, stand Jesus am Ufer«. Sie gab den Impuls für den Text:

»Ich mache alles neu«

Sanftes Grau
nimmt die Nacht in die Arme.
Nur zögernd gibt sie ihr Recht auf
und geht, überraschend gehorsam,
nachdem sie so lange regierte.
Unberührt, noch ganz ohne Kontur,
liegen sie da, die Stunden des Tages,
unverbraucht, leer, wartend
auf das, was sie füllen wird –
manchmal nur tropfend,
dann wie ein Sturzbach, eine Flut,
die Zeit ertränkend,
als gäbe es keinen Sekundentakt, unbestechlich.
Doch am Morgen, wenn das Licht beginnt,
ist jedes Wunder noch möglich,
nichts muss so bleiben, wie es geplant war,
weil einer das letzte Wort hat
über Anfang und Ende.
Liebe ist er und Stärke, Weisheit und Güte.
Ehrfürchtig beugt sich vor ihm
die ganze Schöpfung.
»Siehe, ich mache alles neu!«, sagt er
und streckt die Hand aus: »Komm!«
Was für ein Herr! Was für ein Morgen!
Küsse den Morgen!

FH: Ich habe immer wieder festgestellt, wenn irgendwelche Unglücksfälle passierten, dass Freunde und Verwandte mehr oder weniger sprachlos davorstanden. Wie haben deine Freunde und Verwandten reagiert?

IB: Erschrocken, entsetzt, voller Mitgefühl! Hilflos standen sie an meinem Bett. Fragen über Fragen an Gott. In jedem Gesicht konnte ich lesen: Was kommt nun? Ein Neffe von mir lebt in Amerika. Als er von meinem Unfall hörte, nahm er die nächste Maschine, um bei mir zu sein. Jeder fragte sich: Was soll nur aus ihr werden? Wo kann sie wohnen? Zurück in die alte Wohnung – geht nicht. Sie ist für den Rollstuhl zu klein. Wo eine neue Wohnung finden – und dazu noch behindertengerecht? Und gibt es ein Pflegeteam? Wer aber soll das alles bezahlen? Doch am meisten, glaube ich, bewegte jeden die Frage: »Gott, wie konntest du das zulassen? Und wozu soll es dienen?«

Sofort entstand eine lange Gebetskette, die sich über viele Länder erstreckte. Ich erlebte, was es heißt, Teil der Familie Gottes zu sein. Von überall trafen E-Mails ein, auch aus China, Indien, Afrika und den USA. Die meisten Absender kannte ich gar nicht persönlich. Doch bis heute tragen sie mich »vor den Thron der Gnade«.

FH: Und wie haben die Freunde in Amerika und Billy Graham reagiert?

IB: Es kamen Briefe, »bergeweise«, und Anrufe. Immer wieder versicherten mir Freunde: »Wir beten für dich!« Viele halfen auch ganz praktisch. Eine Freundin schenkte mir Geld, damit in der neuen Wohnung Umbauten gemacht werden konnten. Andere halfen bei der Anschaffung eines behindertengerechten Autos. Dieses Fahrzeug öffnete mir die Tür in eine neue Weite. Plötzlich gehörte ich wieder hinein in das »normale« Leben. Jetzt war ich ein Verkehrsteilnehmer, wie jeder andere auch.

Das Billy-Graham-Team aus Amerika schickte Karten mit vielen liebevollen Grüßen und Wünschen. Auch vom Samaritan's-Purse-Team kamen und kommen bis zum heutigen Tag herzliche Worte.

Billy Graham und seine Frau Ruth gingen mit großer Anteilnahme auf meine Situation ein. Sie trösteten mich und sie machten mir Mut. Das berührte mich tief, zumal sie ja selbst mit Krankheiten kämpften. Den letzten Gruß erhielt ich von Ruth Graham wenige Wochen vor ihrem Tod. Aus den Briefen sprach immer eine tiefe Verbundenheit: »Du bist ein Teil unserer Familie.«

Ich erlebe intensiv: Christen gehören weltweit zusammen. Sie sind eine Familie der Erde und des Himmels.

FH: Das klingt so strahlend, dabei erlebst du doch auch Tiefen?

IB: An dieses Zusammengehören denke ich besonders, wenn mich Gefühle der Verlorenheit überkommen. Als man mir im Krankenhaus klar sagte: »Das ist es nun. Stellen Sie sich der Realität!«, war das ziemlich schlimm. Ich wollte mir meine Zuversicht nicht nehmen lassen und hoffte auf ein Wunder. Dagegen verließen sich die Ärzte auf ihre schulmedizinische Diagnose. Mich hielten sie für einen »euphorischen« Patienten. Doch es gelang ihnen nicht, mich zu entmutigen.

Euphorie meint überschwängliche Gefühle. Aber kann man nicht über den großen, allmächtigen Gott ins Schwärmen geraten?

Wie würde man wohl mit mir umgehen, wenn ich ein ständig niedergeschlagener, depressiver Patient wäre?

Als einer meiner Freunde vor vielen Jahren zum Glauben an Jesus fand, sagte er: »Du, ich habe eine neue Devise. Glaube heißt: Sag dem Abenteuer, dass ich komme.« Seit ich mit Jesus leben darf, und das tue ich immerhin schon seit meinem 15. Lebensjahr, stelle ich fest: Dieser Satz stimmt.

Mir sind drei Bibelstellen besonders kostbar: Psalm 50,15: »… rufe mich an in der Not, so will ich dich erretten«. Römer 8,28: »Wir wissen aber, dass denen, die Gott lieben, alle Dinge zum Besten dienen«. Und Johannes 21,4: »Als es aber schon Morgen war, stand Jesus am Ufer«. Wenn ich nicht an Jesus glauben würde, wüsste ich nicht, wie ich und warum ich noch leben sollte. Doch ich vertraue darauf, dass alles, was mit mir geschehen ist, einen Sinn hat. Manches davon habe ich inzwischen erkannt. Ich bin gespannt darauf, was Gott noch mit mir vorhat. Früher habe ich viel über sein Durchtragen in schweren Situationen geschrieben. Heute kann ich das aus eigener schmerzlicher Erfahrung bestätigen.

FH: Wie fühlst du dich an schweren Tagen?

IB: »…ich habe dich geprüft im Glutofen des Elends«, sagt ein Wort aus dem Propheten Jesaja. Prüfen fragt nach der Qualität, der Belastbarkeit. Wie viel bist du wert? Wie viel taugst du? Gibst du auf, wenn es schwer wird, wenn du meinst, der »Glutofen« würde dich verbrennen? Oder kämpfst du weiter?

Wenn Gott mich prüft, muss er mir doch zutrauen, dass ich geprüft werden kann. Dass sein Unterricht ausreicht. Dass ich praktisch anwenden kann, was ich jahrelang gelernt habe. Daran halte ich fest.

FH: Die Spastik ist immer wieder eine große Herausforderung, nicht wahr?

IB: Nach Aussage der Ärzte bin ich ein totaler Pflegefall. Das stimmt, und doch lasse ich mich davon nicht aufhalten. Inzwischen kann ich schon mehrere Stunden im Rollstuhl sitzen und mit einer Kinnsteuerung allein fahren. Natürlich ist immer jemand bei mir, aber ich bin ein Stück weit selbstständig.

Zu meinem Tagesprogramm gehören viele Therapien. In der Rehaklinik machte man mit mir erste Versuche in einem Stehbett. Der Patient wird darauf festgeschnallt und dann aufgerichtet. Als ich das erste Mal so dastand, staunte ich, wie lang ich bin. Meine 178 Zentimeter schienen den gesamten Raum zu überragen. Irgendwie hing ich ein bisschen unter der Decke zugleich schwebte ich ein bisschen über dem Fußboden. Das Erlebnis war wunderbar!

Nach vielen Monaten durfte ich wieder einen Stehversuch machen, wenn auch nur mit Unterstützung der Technik. Heute übe ich das Stehen mithilfe eines besonderen Rollstuhls, der mich aufrichtet.

Da meine Spastik trotz starker Tabletten heftig blieb, riet der Arzt zum Implantieren einer Medikamentenpumpe. Das ist eine Metallkapsel, von der eine Kanüle das Medikament direkt ins Rückenmark führt. Damit wird die Spastik zwar gemildert, doch der gesamte Körper von der Taille abwärts ist plötzlich wie ein Mehlsack. Die Beine und Füße, die ich vorher etwas bewegen konnte, wurden durch die Pumpe von einem Moment auf den anderen wie »ausgeknipst«.

Oft denke ich: Gut, dass ich nicht weiß, was noch auf mich zukommt. Aber gilt das nicht für jede Situation unseres Lebens?

FH: Inzwischen hast du mehr Kraft bekommen, so dass du sogar schon ins Ausland gereist bist.

IB: Ja, ich habe es gewagt. Die erste Reise ging nach Djerba. Nach meinem Unfall hätte ich nicht geglaubt, dass ich noch einmal die Welt sehen würde – und schon gar nicht mit dem Flugzeug. Ich war überzeugt, ich würde nie wieder zwischen meinen geliebten Kamelen sein. Nie wieder über staubigen Wüstensand fahren. Nie wieder in diesen Ländern sein, die mich immer fasziniert haben. Doch plötzlich kam der Mut: Warum eigentlich nicht? Andere schaffen es doch auch!

Als das Flugpersonal darüber informiert wurde, dass ein Tetraplegiker nach Djerba mitfliegen würde, staunte man. Was, das traut sie sich zu? Bei dieser Lähmung?

Doch der Transport zum Flughafen, der Transfer innerhalb der Maschine und die Beförderung am Zielort verliefen erstaunlich gut.

Ich war so glücklich, endlich wieder das Meer zu erleben. Als die schäumenden Wellen über mich stürzten, habe ich kaum Luft bekommen vor

Freude. Zwei Mitarbeiterinnen aus dem Pflegeteam hielten mich fest. Ich habe gejauchzt. Und dann die Palmen, der blühende Oleander und ein strahlend blauer Himmel – herrlich!

Unter den Gästen im Hotel waren auch andere Behinderte. Es ging mir wie ein Stich durchs Herz, als eine der Rollstuhlfahrerinnen sagte, sie habe in dem nahegelegenen Ort so schöne Schuhe gesehen: Ach, wenn man sie doch kaufen könnte! Sie hatte als kleines Mädchen bei einem Unfall beide Beine verloren. – Zu den Gästen gehörte auch eine blinde junge Frau. Sie war schon blind geboren worden, wie ich erfuhr. Jeden Morgen schwamm sie mit leuchtendem Gesicht zwei Stunden im Swimmingpool und sang dabei selbst gedichtete Texte, zu denen sie Melodien erfand.

Ich taste mich in eine Welt hinein, die ich früher mit großer Anteilnahme, aber auch mit einem gewissen Abstand betrachtet habe. Nun gehöre ich selbst dazu. Seitdem ich im Rollstuhl sitze, mache ich jeden Tag die schmerzliche Erfahrung »beguckt« zu werden, sobald ich die Wohnung verlasse. In den Augen der Menschen liegen Mitgefühl und Betroffenheit, auch Erleichterung, wenn ich sie wie selbstverständlich anlächle. Zur Attraktion werde ich allerdings, sobald etwas mit mir veranstaltet wird.

Bei meinem Aufenthalt auf Teneriffa machte ich mit meinen beiden Begleiterinnen einen Ausflug zu den Pottwalen. Die Beförderung auf das Schiff hinauf und wieder hinunter war das reinste Theaterstück. Vier Seeleute, in Anatomie offensichtlich unerfahren, trugen mich wie ein Beutetier. Atemlos schauten die Leute auf dem Kai zu. Nachdem ich wieder auf meinen »rollenden Rädern« saß, sahen die Gesichter richtig enttäuscht aus: »Was, das Spektakel ist schon vorbei?« In solchen Situationen versuche ich, mich innerlich ganz leicht zu machen und möglichst niemanden anzusehen. Ich tue so, als ob das alles völlig normal wäre und eigentlich jeder so befördert werden müsste. Ich hatte immer eine Scheu vor einer größeren Öffentlichkeit. Jetzt kann ich mich nicht mehr vor ihr verstecken.

Die Reise nach Teneriffa hatte aber auch ein Nachspiel: Bereits einen Tag nach meiner Ankunft auf der Insel stellten wir fest, dass sich ein bedrohlicher Dekubitus (Druckgeschwür) im Steißbereich entwickelt hatte. Diese »Gegend« ist für Rollstuhlfahrer sehr gefährlich. Das ständige unbewegliche Sitzen übt einen starken Druck aus. Der Körper wird an dieser Stelle nicht genügend durchblutet. In wenigen Stunden kann sich ein Druckgeschwür bilden, das sich ganz schnell in Länge, Breite und Tiefe ausdehnt.

So konnte ich den Urlaub nicht richtig genießen und musste gleich nach meiner Rückkehr operiert werden. Wieder befand ich mich im

Krankenhaus, wieder im OP, wieder auf der Wachstation.

Und darauf folgte ein halbes Jahr liegen, liegen, liegen – entweder auf der einen oder auf der anderen Seite. Nur ja nicht auf dem Rücken.

In dieser Zeit habe ich oft gedacht: Lieber Gott, warum das auch noch? Doch ich erlebte wieder so viel Schönes: Es kamen Besucher, ich konnte Texte bearbeiten, E-Mails, selbst wichtige Meetings fanden an meinem Bett statt. Und wieder erfuhr ich, welche Kraft Gebete haben.

Nach langen Monaten konnte ich mit Sitzübungen beginnen. Endlich hatte die Welt wieder einen Horizont – oben und unten. Endlich sah ich meine Besucher nicht mehr »halbiert«, sondern gerade vor mir. Endlich konnte ich beim Essen wieder auf dem Rücken liegen und musste nicht mehr wie sonst in der Seitenlage akrobatische Bewegungen mit dem Mund machen.

FH: Du hast bereits erwähnt, dass zu allen körperlichen Schwierigkeiten auch noch andere Problemfelder zu bewältigen waren: der zwingende Wohnungswechsel, und auch die Frage: Wer sollte deine Nachfolge in der Redaktion der »Entscheidung« übernehmen?

IB: Auch da sind Wunder geschehen! Nach wochenlangem Suchen fanden wir eine große Wohnung in einem der besonders schönen Stadtteile Berlins: Viele Bäume, darunter auch hohe Kiefern, sogar ein See ist in der Nähe.

Die Trennung von meiner alten Wohnung fiel mir sehr schwer. Ich konnte mich nicht verabschieden. Ich konnte nicht noch einmal durch die Zimmer gehen. Ich hatte keine Zeit zum Trauern. Durch den Unfall wurde ich von einem Tag zum andern aus einer mehr als 40-jährigen Wohngeschichte herausgerissen.

Und die Leitung der »Entscheidung«? Auch da schenkte Gott großartigen »Ersatz«. Zwei junge Frauen, erst die eine, dann die andere, knieten sich mit Feuereifer in die Arbeit. Der Leser hat gar nicht gemerkt, dass die Redaktionsleitung wechselte. So nahtlos gelang der Übergang.

Wie glücklich bin ich aber noch mitarbeiten zu können. Ich liebe es, holprige und ungelenke Texte zu schleifen, »sie zum Blühen zu bringen«. Dabei komme ich mir ein bisschen wie ein Bildhauer vor. Er sieht einen Steinklotz und erkennt einen wunderschönen Kern darin. Und den arbeitet er sorgfältig heraus.

FH: Dein neues Leben, wie sieht es aus? Was für Entdeckungen machst du?

IB: Ich bin ein »Intensivleber«. Jetzt ist diese Mentalität noch ausgeprägter. Riechen und schmecken sind ständig neue Entdeckungen. Das Fühlen ist geradezu ein Abenteuer geworden, wenn in meinem Körper an bestimmten Stellen plötzlich Sensoren wach werden, obwohl dort vorher alles »wie tot« war. Was für ein fantastisches Zusammenspiel, was für ein Meisterwerk hat Gott geschaffen!

Es ist eine eigenartige Welt, in der ich jetzt lebe. Dabei mache ich oft schmerzliche Erfahrungen. Wenn ich mit einer Betreuerin unterwegs bin und einkaufe, geschieht es häufig, dass die Verkäuferin über meinen Rollstuhl hinweg mit meiner Pflegerin spricht, als ob ich gar nicht existiere. Dann kostet es mich jedes Mal Mut, meinem stummen Anblick eine Stimme zu geben und meine Wünsche selbst auszusprechen.

Als ich in meiner neuen Wohngegend zum ersten Mal beim Friseur war, sagte die Friseurin zu meiner Begleitung: »Aber sprechen kann sie doch wohl schon etwas …?«

Wie gut verstehe ich jetzt die Gefühle und Gedanken behinderter Menschen. Gerne möchten auch sie so normal wie möglich behandelt werden. Aber dann wird ausgegrenzt: Da ist ein entstelltes Gesicht. Da fehlt ein Arm. Jemand läuft mit einer Krücke. Und hier ist der Rollstuhl, der eine feste Barriere bildet. Man muss sich hinunterbeugen wie zu einem Kind. Doch da sitzt kein Kind, sondern ein erwachsener Mensch, der leider nicht mehr auf der vertrauten, höhenverwandten Gesichtsebene ansprechbar ist. Vielmehr wartet er darauf, dass man ihn in seiner »Tiefe« erreicht. Was für eine Irritation!

Doch ich erlebe auch das Gegenteil: Da hält jemand aufmerksam die Tür auf. Da teilt sich eine Menschengruppe wie selbstverständlich und gibt dem Rollstuhl Raum. Da fragt einer besorgt, ob er helfen könnte. Oder manche grüßen freundlich, obwohl man einander nicht kennt.

Wenn ich sehe, wie selbstverständlich die Menschen ihre Hände, Arme und Beine bewegen, frage ich mich oft : »Das konntest du früher auch, aber hast du jemals dafür gedankt?«

FH: Nochmals zurück zum Krankenhaus. Was war besonders schwierig zu ertragen?

IB: Mit der totalen Abhängigkeit leben zu lernen. Ich war immer sehr aktiv und sprudelnd. Nun war ich plötzlich »lahmgelegt«. Um jede Kleinigkeit musste ich bitten. Und obwohl die Schwestern im Krankenhaus wussten, wie es mir ging, verhielten sie sich sehr unterschiedlich. Unter einigen habe ich regelrecht gelitten. Umso mehr betete ich, dass Gott doch zu ihrem Herzen reden möge. Und das passierte tatsächlich auch bei dem einen oder anderen. Jedenfalls versuchte ich, immer freundlich zu bleiben und lieblose Bemerkungen zu übergehen.

Aber noch etwas war sehr schwer – warten zu lernen. Warten, dass jemand vom Krankenhauspersonal kam, der bereits vor einer Dreiviertelstunde gesagt hatte, dass er »gleich« da sei. Warten, dass mich endlich jemand neu lagerte, obwohl ich vor Schmerzen leise stöhnte. Warten, dass ich aus dem Bett endlich in den Rollstuhl gesetzt wurde, vor Stunden bereits versprochen. Warten, dass jemand vorbeikommen würde und mein Ohr rubbelte, das schon lange schrecklich juckte.

Einmal klingelte ich früh am Morgen nach der Schwester und bat sie, mir etwas zu trinken zu geben. Sie warf einen kurzen Blick auf die Wasserflaschen, die offensichtlich alle leer waren, machte eine weit ausholende Bewegung und sagte: »Es ist nichts mehr da.« Mit diesen Worten verschwand sie und kam nicht wieder. Oder ich hörte, wie eine Pflegerin zu einer anderen sagte: »Warum beklagst du dich über den Patienten? Du musst ihn dir erziehen.«

FH: Ich hörte, wie Gott dir Kraft und Gelegenheit geschenkt hat, den Ärzten, dem Pflegepersonal und auch Mitpatienten gegenüber deinen Glauben an Jesus Christus zu bezeugen. Ganz authentisch. Kannst du davon noch etwas berichten?

IB: Die Ärzte und die Schwestern fragten natürlich nach dem Beruf, den ich ausübte. So konnte ich von »meiner« geliebten Zeitschrift »Entscheidung« berichten und von der Aktion »Weihnachten im Schuhkarton«. Daraus ergaben sich schnell Gespräche über den Glauben. Und dann kamen natürlich Fragen: »Warum ist gerade Ihnen das passiert? Warum hat Gott das zugelassen?« Ich versuchte dann immer zu erklären, dass Gott Kraft schenkt, wenn wir ihn von ganzem Herzen darum bitten. Und dass er mein ganzer Mut, meine Hoffnung und Zuversicht ist.

Eines Tages erzählte mir jemand: Einer der Ärzte, der bis dahin dem Glauben sehr kritisch und ablehnend gegenüberstand, hätte gesagt: Wenn man mich erlebe, müsse doch etwas am Glauben dran sein. So hat Gott mir gerade in meiner Schwachheit eine Aufgabe gegeben. Bei diesen Erlebnissen dachte ich oft an das Gleichnis vom »vierfachen Acker«. Wie sehr hoffe ich, dass alle diese Gespräche auf fruchtbares Land gefallen sind und Wurzeln bilden. Ich hätte diese Menschen ohne meinen Unfall nie kennengelernt. Oft hatte ich den Eindruck, dass Gott den einen oder anderen direkt an mein Bett schickte, damit ich ihm etwas von Jesus erzähle.

FH: Hattest du gute Erfahrungen mit Mitpatienten?

IB: Meine eine Zimmernachbarin war eine kleine, alte Dame, die seit 20 Jahren an Parkinson litt.

Meine Großmutter

Meine Eltern

Zwei Jahre alt, zu Besuch
bei den Großeltern

Meine Geschwister und ich

Meine Mutter und ihre »drei Millionen«

Bei einem Kongress der Billy
Graham Evangelistic
Association (1970er Jahre)

Mit Billy Graham und Besucher an der Berliner Mauer, 1990

Vor dem Unfall, in Prag 2003

Nach dem Unfall, im Winter 2008

Die Tabletten, die sie einnehmen musste, riefen ab und an Angstzustände hervor. Dann weinte sie und konnte nicht schlafen. Eines Tages fragte ich sie behutsam: »Sagen Sie, glauben Sie an Gott?« Zögernd antwortete sie: »Manchmal ja, manchmal nein.« Daraufhin lud ich sie ein: »Wollen wir nicht zusammen beten, damit Ihre Angst Sie verlässt?« Erstaunt sah sie zu mir herüber und sagte: »Ach, ja.« Nachdem wir gebetet hatten, schlief sie gleich darauf friedlich ein.

Wir sprachen noch oft über den Glauben. Und meine Zimmernachbarin fragte, wie Gott ihr helfen könne, wenn sie doch einen so schwachen Glauben habe. Darauf antwortete ich: »Gott weiß, wie Ihnen zumute ist. Er streckt Ihnen seine Hand entgegen, auch wenn Sie es noch nicht spüren. Er liebt Sie. Legen Sie sich einfach wie ein Kind in seine Arme. Dort sind Sie geborgen.« Das gab ihr Kraft.

Eine andere Zimmernachbarin war krebskrank. Sie weinte viel und ich hörte, wie sie zu einer Ärztin sagte: »Das hat doch alles keinen Zweck mehr.« Schließlich fasste ich mir ein Herz und sprach sie an. Und dann brach es aus ihr heraus: Ihre Wohnung sei neu renoviert, befände sich aber im fünften Stock und hätte keinen Fahrstuhl. Doch jetzt brauchte sie einen Rollstuhl. Wie sollte es nur weitergehen? – Zu meiner Freude konnte ich ihr jemanden vermitteln, der ihr half. Als ich sie fragte, ob sie an Gott glaube, antwortete sie: »Ja, seitdem ich weiß, dass ich krebskrank bin.« Als ich in ein anderes Zimmer verlegt wurde, schenkte ich ihr meine Hörbuch-Bibel. Immer noch sehe ich das Leuchten in ihren Augen, als sie sie an sich drückte.

FH: Wie lange musstest du eigentlich im Krankenhaus bleiben?

IB: Neun Monate und die letzten drei davon in der Reha-Klinik. Ich vergleiche das manchmal mit einem Baby. Es wird auch neun Monate im Mutterleib groß. So bin auch ich in ein neues Leben hineingewachsen.

Und doch werde ich alle sechs Monate wieder mit dem Krankenhaus konfrontiert. Dann muss meine Medikamentenpumpe gefüllt werden. Dem Körper wird ein Mittel zugeführt, das die Spastik beruhigt. Wenn ich mich nur der Klinik nähere, kommen mir schon die Tränen. Die Erinnerungen an die Monate, die ich dort verbrachte, laufen jedes Mal wie schwarze Schatten auf mich zu. Und ich fühle mich wie erlöst, wenn ich wieder nach Hause fahren kann.

In den letzten Wochen sind mir vier Worte kostbar geworden. Sie sind wie zwei Anker, an denen ich mich festhalte: »kindlich vertrauen« und »leidenschaftlich erwarten«. Gott sagt, wir sollen glauben und vertrauen wie die Kinder. Und er sagt auch: »… alle Dinge sind möglich dem, der da glaubt«. Jeden Tag neu werfe ich mich in dieses Vertrauen. Und leidenschaftlich trage ich ihm meine Hoffnungen und Wünsche vor.

FH: Viele haben für dich gebetet und eigentlich erwartet, dass die Lähmung, oder Teile der Lähmung wieder verschwinden würden. Das ist bisher so nicht geschehen. Wie kommt es, dass du so viel Mut und Freude ausstrahlst?

IB: Es ist so wunderbar, dass ich trotz aller Begrenzungen ein halbwegs selbstständiges Leben führen darf. Dazu die interessanten Aufgaben, die ich habe, die Besucher, die Freunde und die vielen Beter. Ich kann gar nicht sagen, wie dankbar ich Gott bin. Manchmal könnte ich geradezu platzen vor Dankbarkeit! Darauf führe ich meine seelische Gesundheit zurück.

Wie oft sagen wir: »Hauptsache gesund!« Und denken zuerst an die körperliche Gesundheit. Doch die seelische Gesundheit ist viel entscheidender. Richtiger müsste es heißen: »Ich wünsche dir eine gesunde Seele!«

Durch meinen Unfall ist mir eine biblische Geschichte besonders ans Herz gewachsen: Vier Männer bringen ihren gelähmten Freund zu Jesus. Sie haben gehört, dass er Wunder tut und heilt. Doch sie können nicht zu ihm durchdringen, die Menschen stehen dicht gedrängt. So decken die

Freunde ein Stück vom Dach ab und lassen den Kranken an Stricken hinunter – direkt vor die Füße von Jesus. Genau das tun meine Gebetsfreunde auch für mich. Einer sagte einmal: »Jeden Tag decken wir für dich einen Ziegel ab und legen dich vor die Füße von Jesus.«

FH: Ich stelle mir immer wieder die Frage: Wie kommst du mit den gewaltigen Einschränkungen deiner Gliedmaßen zurecht? Man kann sich doch eigentlich gar nicht daran gewöhnen?

IB: Sicher nicht. Ich muss lernen, es jeden Tag neu zu akzeptieren. Wie oft überwältigt mich meine Hilflosigkeit. Die Therapeuten bemühen sich, meine Arme und Beine ständig zu dehnen und zu strecken. Sie versuchen, dem Körper eine gewisse Beweglichkeit zu erhalten. Viel mehr ist noch nicht möglich. Traurig sehe ich die Bücher an, die ich so gerne lesen würde, und weiß – ich kann die Seiten nicht umblättern. Wohin ich auch blicke, überall möchte ich anfassen, zugreifen, etwas tun – aber es geht nicht.

Nachdem mir die Medikamentenpumpe eingesetzt wurde, beruhigte sie zwar den unteren Bereich meines Körpers, dafür konzentrierte sich die Spastik auf den Arm- und Schulterbereich. Das ist sehr schmerzhaft und anstrengend. Ich habe das Gefühl, dass sich von einer Hand zur anderen, über die Schultern hinweg, ein Eisenring zieht. Ständig sind die Hände zu Fäusten geballt. Sie können sich nicht von allein weit öffnen und strecken. Hinzu kommen die vielen Missempfindungen: Eigentlich ist es warm, aber ich habe das Gefühl, dass einer meiner Arme oder ein Bein ganz kalt sind.

Nein, ich kann mich nicht an diesen Zustand gewöhnen, aber ich muss auch nicht resignieren. Ich lebe mit dem Gedanken: Nicht aufgeben, weitermachen! Und ich habe die kindliche Hoffnung, dass sich manches doch noch verbessert. Einer meiner Therapeuten, ein gläubiger Mann, sagt: »Wir müssen darum beten, dass die grauen Zellen die Funktionen der kaputtgegangenen übernehmen.«

Lange habe ich darüber nachgedacht, warum sich so viele Menschen in die Gebetskette für mich eingereiht haben. Schließlich wurde mir etwas Aufregendes deutlich: Die Gebete für mich sind ja nicht durch mich in Bewegung gekommen. Vielmehr hat Gott mich den Betern aufs Herz gelegt. Und sie führen seinen Auftrag aus und tun diesen Liebesdienst. Was für ein Geheimnis ist es, wenn Gott anfängt zu reden!

FH: Ich habe dir einmal geschrieben: »Im Wissen um das, was du brauchst, was gut für dich ist, ist Gott dir immer um eine Ewigkeit voraus.« Kannst du das nun, nach all dem Erleben, auch nach dem täglich neuen Erleben, so nachvollziehen? Oder kommen in besonderen Stunden auch etwas vorwurfsvolle Gedanken Gott gegenüber zum Vorschein?

IB: Ich habe Gott nie einen Vorwurf gemacht. Aber dass er mir eine Ewigkeit voraus ist, davon bin ich überzeugt.

Viele Menschen meinen, vor Gott bis an das Ende der Erde fliehen zu können. Bis sie schließlich erkennen, wie verrückt es ist, vor dem wegzulaufen, der überall ist. Gott wartet. Nicht wie einer, der am längeren Hebel sitzt, sondern als liebevoller und barmherziger Vater. Wenn wir uns nach ihm ausrichten und ihm allen Raum in unserem Leben geben, wird das Herz weit und unser Horizont ganz nach hinten gerückt.

Vielleicht muss ich durch dieses dunkle Tal gehen, um ihn mehr lieben zu lernen, abhängiger von ihm zu leben und seine Nähe täglich neu zu entdecken.

FH: Einmal ganz praktisch gefragt: Wie überstehst du die Nächte?

IB: Manchmal sind sie recht dunkel, Ängste kommen und ich denke: Sollte irgendetwas geschehen – ich habe keine Hände und Füße, mit denen ich mich fortbewegen kann. Ich bin einfach ausgeliefert. Dann klammere ich mich an das Wort von Jesus, dass wir alle unsere Sorgen auf ihn werfen sollen. Und es ist merkwürdig: Es dauert nicht lange und das Gefühl einer tiefen Geborgenheit wird in mir groß. Jesus ist da! Mein »geistlicher Vater«, wie ich den Begründer der Fackelträger nenne, sagte einmal: »Wirf dein ganzes Vertrauen auf Jesus, denn er erfreut sich bester Gesundheit!«

In dunklen Nächten vergessen wir oft die Erfahrungen, die wir mit ihm gemacht haben. Wie die Jünger ziehen wir nach einer erfolglos durchfischten Nacht die Netze leer hoch. Nichts hängt mehr darin von der Freude, dem Jubel, der uns erfüllte, als wir ihm unser Leben übergaben. Doch nun ist der Morgen da, es wird hell, und Jesus wartet am Ufer.

FH: Was ist und bleibt trotz allem deine innere und äußere Freude?

IB: Die Gewissheit: Ich kann nicht aus Gottes Hand fallen. Ich weiß, dass er sich um mich kümmert. Wenn mich Zweifel überkommen, sehe ich die Menschen, die mich lieb haben. Und ich staune über die Welt, in der ich noch leben darf.

Deshalb denke ich: Wenn Gott dich schon so beschenkt, kannst du sicher sein, dass er auch die Fortsetzung und das Ende in seiner Hand hält. Er sagt: »Kommt her zu mir, alle, die ihr mühselig und beladen seid; ich will euch erquicken. Ich will euch eure Bürde abnehmen, damit ihr wieder frei atmen könnt.«

Der persönliche Gott sucht das persönliche Gegenüber. Bei ihm darf ich ausschütten, was mich quält. Er wird nicht müde, uns anzuhören. Nur seine Vergebung macht gesund.

FH: Gibt es, menschlich gesprochen, noch irgendeine Hoffnung auf wesentliche Verbesserung deiner körperlichen Situation?

IB: Das ist eine »Abenteuerfrage«. Das ist wie ein Hineingehen ins Ungewisse und Für-Überraschungen-bereit-Sein. Ich habe schon einige Verbesserungen festgestellt, doch ich bin nicht realitätsfremd. Ich weiß, dass nur Gott selbst das Wunder der Heilung tun kann.

Die Ärzte sagen, dass die Stammzellenforschung die große Hoffnung für Rückenmarkverletzte ist. Aber sie befindet sich ja noch in den Anfängen.

Manchmal frage ich mich: Was machst du nur in diesem Rollstuhl? Warum springst du nicht einfach heraus? Der Mensch, der hier sitzt, der bin ich doch gar nicht. Was tue ich nur in diesem Gefängnis?

Diese Vorstellungen bedrücken mich besonders, wenn ich wieder geträumt habe, dass ich plötzlich allein stehen, laufen und auch meine Hände gebrauchen kann. Im Traum gebe ich meine Unterschrift, mache ich Notizen. Und aufgeregt laufe ich zu den Menschen und sage strahlend: Seht mal, was Gott gemacht hat!

Es beschwingt mich natürlich, wenn dann noch Freunde erzählen: »Du, ich habe von dir geträumt. Du konntest wieder laufen! Ich habe sogar gesehen, wie du einen Dauerlauf gemacht hast!«

Umso schmerzlicher ist die Realität, wenn jemand für eine bestimmte Tätigkeit »meine Hände ersetzt« und dann zu mir sagt: »Sie können das ja nicht … Für uns ist das selbstverständlich.«

Wer ist »wir«? Es sind die, deren Leben auch mein Leben war. Jetzt aber sind es »die anderen«. Die in einer Welt leben, zu der ich nicht mehr gehöre.

Es kommt mir vor, als ob sie von vornherein eine unsichtbare Trennlinie gezogen haben – zwischen ihnen und mir. Das macht sich bestimmt keiner klar. Natürlich will mich auch keiner verletzen. Es wird lange brauchen, bis ich diese Trennung ohne innere Auflehnung annehmen kann.

FH: Trotz all dieser körperlichen Beschränkungen staune ich über deine Aktivitäten. Ich freue mich auch, dass du ab und an Urlaub machen kannst und aus deiner Wohnung herauskommst. Das ist doch sicher immer wieder ein großes Erleben?

IB: Schon früher bin ich gerne gereist. Heute reise ich noch viel lieber. Ich erlebe jetzt alles tiefer und bewusster. Und ich bereite mich auf die Urlaubsziele gründlicher vor. Da geht es natürlich auch um ganz praktische Fragen: Wie lang ist der Flug? Wie lange halte ich das Sitzen aus? Dazu die verschiedenen Transfers. Auch mein Gepäck ist weitaus umfangreicher geworden durch die verschiedenen Hilfsmittel, die ich brauche. Mit all diesen Reiseutensilien komme ich mir vor wie ein Beduine beim Umzug.

Es ist etwas Überwältigendes, so eine Reise zu erleben. Als ich das erste Mal wieder unter Palmen am Meer stand, liefen mir die Tränen über das Gesicht. Tief bewegt dachte ich: Das darf ich jetzt wieder erleben! Wie sehr wünsche ich mir, dass ich solche Reisen noch oft unternehmen kann.

Auch mein Auto ist eine wunderbare Hilfe. Meinen ersten Ausflug machte ich in einen Berliner Tierpark. Ich entdeckte eine neue Welt: Alles, was sich für mich im Rollstuhl auf Augenhöhe befand, sah ich nun, als hätte ich es nie zuvor gesehen: die kräftigen Knospen an den niedrigen Büschen. Das kunstvoll getupfte Gefieder einer Eule, die mich mit großen, runden Augen auf meiner Kniehöhe nachdenklich betrachtete. Hingerissen saß ich vor dem kleinsten Elefanten, den ich jemals gesehen habe. Gerade zwei Wochen alt. Und doch konnte er auf seinen kleinen, stämmigen Beinchen, noch etwas purzelig, sicherer laufen, als ich es wahrscheinlich jemals wieder kann.

FH: Du bist nach wie vor in der Redaktion der »Entscheidung«, wenn du diese Arbeit auch nur vom Rollstuhl aus tun kannst und dabei ein Sprachprogramm zur Hilfe nimmst. Wie funktioniert das eigentlich technisch?

IB: Es gibt verschiedene Sprach-Diktierprogramme. Das Programm, das ich benutze, heißt »Dragon Naturally Speaking«. Man setzt mir ein Headset mit einem Mikrofon auf den Kopf. So kann ich in den Laptop hinein diktieren und auch Korrekturen machen. Allerdings haben das Sprachprogramm und ich manchmal große Probleme. Dann versteht es einfach nicht, was ich sage, und schreibt stattdessen kuriose Wortkombinationen. Es ist oft zum Lachen. Doch die Korrekturen kosten unendlich viel Zeit. Jede Kleinigkeit, für die ich sonst einen winzigen Mausklick brauchte, muss ich nun durch einen Sprachbefehl ausführen. Und wehe, ich habe Schnupfen, bin heiser oder erschöpft. Dann muss ich manche Befehle mehrfach wiederholen. Und doch bin ich so glücklich über diese technischen Möglichkeiten. Das ist einer meiner entscheidenden Kontakte zur »Außenwelt«.

FH: Wenn ich richtig informiert bin, bist du immer noch im Vorstand der Billy-Graham-Gesellschaft tätig?

IB: Darüber bin ich sehr froh. So kann ich noch ein bisschen helfen, mitdenken und mitplanen. Aber ich bin sehr glücklich, dass neue, engagierte Mitarbeiter mit großartigen Gaben die Verantwortung für meine ehemaligen Aufgaben übernommen haben.

FH: Viele Fragen sind sicher noch offen. Manche würde ich natürlich gerne auch noch stellen. Wie sind deine Gedanken für die Zukunft?

IB: Früher sagte ich immer: »Bei mir stehen die Ideen Schlange.« Zuerst konzentrierte ich meine ganze Liebe auf die Zeitschrift »Entscheidung«. Dann entdeckte ich das so schöne Projekt »Weihnachten im Schuhkarton«. Damit bot sich wieder eine Fülle von Möglichkeiten, Menschen mit der »Guten Nachricht« von Jesus zu erreichen. Ich wünsche mir so sehr, dass ich auch in Zukunft noch viele Gelegenheiten habe, anderen von ihm zu erzählen.

Ich möchte aber auch mit dem Mund malen lernen. Und ich möchte reisen, immer wieder. Es muss ja nicht gerade ein Kanu sein, in dem ich über einen Fluss mit Krokodilen fahre. Auch ein Flug mit einem Heißluftballon gehört zu meinen stillen Träumen. Damit über die Serengeti zu fliegen, stelle ich mir herrlich vor.

Wie gerne möchte ich auch meine Nachbarn zu Gesprächen rund um die Bibel gewinnen. Inzwischen treffen sich regelmäßig neue Freunde bei mir zum Hauskreis. Es ist so schön, diese Gemeinschaft zu erleben und miteinander Neues zu entdecken: Was will uns Gott an dieser Stelle sagen? Unser Austausch schreibt immer einen ganz persönlichen »Anhang« zur Bibel. Jeder berichtet, was er mit ihr erlebt, Höhepunkte und Tiefen – da fließen manchmal auch Tränen.

Und ich möchte so gerne weiter schreiben dürfen und erzählen von diesem großen Gott, der mein Leben so reich macht.

Ich liebe das Wort des indischen Christen Rabindranath Tagore: »Glaube ist wie der Vogel, der singt, wenn die Nacht noch dunkel ist.«

Was wünsche ich mir? Glauben bis zum Horizont. Sich täglich neu in Gottes Hände legen, wie ein Kind in eine Wiege.

FH: Ganz herzlichen Dank für dieses Interview. Ich weiß, dass das ja auch verletzlich macht, wenn man so von seinen persönlichen Empfindungen, seinem Erleben berichtet. Ich wünsche dir von Herzen Gottes Segen und für jeden einzelnen Tag seine durchtragende Kraft. Dass du das immer wieder neu erleben darfst, dass unser Gott ein lebendiger Gott ist.

Abenteuer Glaube

Kein Spaziergang

Abenteuer heißt Wagnis. Ein Ziel vor Augen. Jede Mühe auf sich nehmen, jede Anstrengung, ganzen Einsatz leisten. Sich durch nichts zurückhalten lassen. Mit Leidenschaft darauf zugehen. Kein gemütlicher Spaziergang. Nein, ein Marsch durch dick und dünn. Engpässe durchstehen, Ängste überwinden. Mut haben, Hoffnung und Vertrauen. Und dann ankommen. Und staunen und danken.

Abenteuer Glaube – ein Wagnis des Vertrauens. Sich verlassen auf den, den man nicht sieht – den Schöpfergott. Und dann Wunder erleben, durch nichts zu erklären. Überwältigendes Handeln, weil er es gut mit mir meint. In dem Kind in der Krippe beugt er sich zu mir hinunter und sagt: »Ich liebe Dich!«

Davon reden die folgenden Texte: Gott ist ganz nah. Da kann ich meine Freude wie »Vögel an den Himmel werfen«. Da überrollt mich eine riesige Welle, ich bekomme keine Luft mehr – und dann ist auf einmal wieder Sauerstoff da. Auch auf die hilflose Frage: »Wo geh' ich hin? Folg' ich den Wolken?« gibt es eine klare Antwort, weil er da ist. Er hat einen Plan für mein Leben. Auch dann, wenn ich mitten in der Nacht stürze und mir das Genick breche. Er streckt seine Hand aus und sagt: »Fürchte dich nicht, du bist nicht allein!« Nein, dieser Gott steht nicht im »Who is who«. Er ist ohne Anfang und Ende. Und doch, so fern er auch scheint – er ist nur ein Gebet weit entfernt.

Irmhild Bärend

Meine Großmutter

Vor diesen Augen konnte man sich nicht verstecken – groß, licht, grau – im Alter immer heller werdend – schauten sie, als sähen sie bis auf den Grund. Eine Weite lag darin, eine Kraft und Redlichkeit, dass man sich schämte, da hineinzulügen. Und wagte man es doch einmal, so wusste man genau: Sie hatte es längst gemerkt. Aber sie war schnell bereit zu vergeben, prüfte jedoch zuerst: War die Reue auch echt? Selbst kleine Schwindeleien wurden ernst genommen. Hatte man sie aber bekannt, war es gut – und vorbei! Sie trug nichts nach und kam später nicht wieder darauf zurück.

Sie wurde nie laut. Sie überlegte, bevor sie sprach. Und sie war behutsam in der Wahl ihrer Worte. Ob sie jemals richtig wütend gewesen ist? Und sie klatschte nicht. Das empfand sie als »gewöhnlich«. Aber sie konnte zuhören, stundenlang, am Abend, wenn sie unendliche Wäscheberge stopfte, weil es nichts zu kaufen gab und man ausbessern musste.

Sie hatte keinen Beruf gelernt, niemals eigenes Geld verdient, sondern einem unverheirateten Bruder den Haushalt geführt, bis sie selbst heiratete. Sie bekam vier Söhne. Der eine starb, als er noch klein war. Der Älteste – ihr sehr ähnlich – wurde als Abiturient in den Krieg eingezogen und kehrte schon bald darauf mit einer Lungenentzündung zurück. Sein Tod war so schwer für sie, dass sie später immer das Zimmer verließ, wenn über ihn gesprochen wurde. Der dritte Sohn geriet noch in den letzten Kriegstagen in Gefangenschaft und kam dabei ums Leben.

Wieder hatte sie an einem Tod zu tragen. Aber sie machte Gott keinen Vorwurf. Sie wurde nur stiller, die Augen voll ungeweinter Tränen. Wie könnte sie es wagen, dem allmächtigen Gott Vorhaltungen zu machen? Sie sagte nur manchmal leise: »Einst werden wir im Licht erkennen, was uns auf Erden dunkel ist!«

Sie hatte nicht viel »von der Welt« gesehen. Ob sie sich überhaupt danach sehnte? Natürlich reiste man – an die Ostsee, in den Schwarzwald – aber New York oder San Francisco …?

Lippenstift, Wimperntusche und Nagellack waren Fremdwörter für sie. Das lange dunkle Haar, im Alter weiß, wurde stets in einen Zopf geflochten und im Nacken zu einem Knoten gesteckt. Die Kleider lang, »Midi«, würde man heute sagen, die Farben gedeckt – nach dem Tod der Söhne nur noch dunkel. Sie gestattete sich lediglich einen Schmuck: Sie liebte Spitzenkragen.

Es gab noch keine Waschmaschine. Das Bügeln der Garderobe für ihre »vier Männer« war ein Wochenendprogramm. Nur im Winter wurde es etwas leichter, wenn die hellen Leinenanzüge auf den Boden kamen. Das Einkochen der vielen Früchte aus dem großen Garten zog sich über Monate hin.

Ständig nahm sie Menschen auf – woher sie auch kamen. Jedem gab sie einen Platz an dem großen Familientisch. Respekt voreinander und Treue wurden in ihrer Ehe wie selbstverständlich gelebt. Darum fühlte sich jeder bei ihr so wohl. Da wurde der Ehemann nicht »heruntergemacht«, da redete man nicht über seine Pflichten bei der Kindererziehung. Da diskutierte man nicht über Emanzipation. »Papa«, französisch betont, war das Familienoberhaupt, den man verehrte und liebte. Allerdings machte seine gütige Persönlichkeit es auch allen leicht.

Und man redete miteinander. Man saß zusammen und besprach Dinge gründlich. Man wollte den anderen verstehen. Als die Söhne von der Universität nach Hause kamen, stellte »Mama« Fragen, versuchte, sich hineinzudenken. Auf ihr Urteil gab man viel. »Ich werde für dich beten«, war eine feste Zusage. Hatte sie genügend Anerkennung, Zuwendung, Bestätigung als Frau? Danach gefragt, antwortete sie strahlend: »Mir geht es gut, wenn es meiner Familie gut geht.« Ob sie gewusst hätte, was eine Feministin ist?

Sie lebte mit Bibelversen und Liedern aus dem Gesangbuch. Sie waren eine innere Kraftquelle, aus der sie ständig schöpfte. Auch dann, als der jüngste Sohn mit seiner Frau in den »Westen« zog – und auch die Schwiegertochter, die sie aufgenommen hatte, sich von ihr trennen musste, um den Kindern eine Ausbildung zu ermöglichen. Nie sprach sie über die schreckliche Leere, die sie plötzlich umgab. Nur manchmal hieß es in ihren Briefen: »Einsamkeit ist eine große Last, wenn du Gott nicht bei dir hast.«

Sie kam dann nur noch zu Besuch. Nahm alles tief in sich auf, das neue Leben der Enkelkinder, die andere Welt. Behutsam strich sie manchmal über die Kinderköpfe: »Lernt ihr auch tüchtig?«

Sie starb allein. Keiner konnte bei ihr sein. Sie hatte sich sehr gewünscht, noch einmal den Frühling zu sehen, das helle kommende Licht des neuen Jahres. In dieses Licht, in diese Ewigkeit ist sie dann gegangen, in dem Vertrauen, sie alle wiederzusehen, die sie geliebt hat.

Mein Vater

Diese Augen hatte niemand. Ein tiefes leuchtendes Veilchenblau unter einer breiten Stirn. Auch die Stimme fand sie nicht wieder. Manchmal zuckte sie zusammen, mitten in einer Menschenmenge – da war sie, genauso? Ähnlich? Dieser volle warme Klang mit den eigenartigen weichen Schwingungen. Sie war so beruhigend, wenn er sie in den Schlaf schaukelte, an langen Sommerabenden. Und sprach er mit ihr, spürte sie, so klein sie war, dass er sorgfältig nach Worten und Bildern suchte, die sie verstand.

Dann aber kam die Zeit der Angst, das flüsternde Gespräch der Erwachsenen, abends, im Nebenraum. Und eines Nachts – knallendes Türenschlagen, schnelle Schritte und fremde Menschen, die plötzlich das ganze Haus bevölkerten, laute Befehle, heftiger Wortwechsel – und erst nach vielen Stunden Schweigen. Die Eltern blass, ohne Stimme.

Und schließlich der furchtbare Tag, an dem man ihn abholte. Er hatte sie noch einmal hochgehoben und fest an sich gedrückt. Das war das Ende. Man riss ihn aus der Familie, man nahm ihn weg, man löschte ihn aus.

Verteidigung, Gerechtigkeit – leere Worte. Diese Leute kannten sie nicht. Sie waren wie Roboter, ohne Gefühl, ohne Herz. Sie funktionierten, sie handelten. Was bedeutete ihnen schon ein Menschenleben?

Zurück blieben Entsetzen, Verzweiflung, Leere.

Sie konnte und wollte es nicht begreifen! Kam der Vater heute nicht wieder, dann doch morgen, übermorgen jedenfalls bestimmt. – Aber er kam nicht. Da, wo er war, gab es kein Zurück.

Fünf Jahre alt sein und plötzlich nicht mehr »Vater« sagen können. Die eine Hand hatte sie beim Spazierengehen der Mutter gegeben, die andere ihm. Jetzt hing sie herunter, als würde sie nicht mehr gebraucht. Andere Kinder sagten: »Meine Eltern«. Sie stockte und lief weg, wenn man sie fragte: »Und wo ist dein Vater?«

Sie suchte ihn Jahr um Jahr. Die Elternabende in der Schule, ohne ihn. Die Zensuren, die Zeugnisse, er sah sie nicht. Der Abschlussball, der erste Walzer, er konnte ihn nicht mit ihr tanzen.

Geborgenheit will wachsen wie ein Baum, unter dem man Schatten sucht. Aber wenn der Baum nicht mehr wachsen kann, weil er abgeschlagen wurde, mitten in der Zeit der Blüte?

Wo war der Vater? Es gab kein Grab, in dem sie ihn wusste, keinen Ort, an dem sie stillstehen und sagen konnte: »Hier liegt er!« Es blieb nur diese schmerzliche Leere. Etwas war für immer verloren, bevor sie es als ihr Eigenes entdecken konnte. Eine Beziehung hatte begonnen und war abgebrochen. Keiner konnte den leeren Platz neu besetzen. Einmaliges hat keine Nachfolge.

Dann begegneten ihr Menschen, die ihr von einem anderen Vater erzählten, der sagte: »Du bist auch mein Kind! Ich habe dich lieb. Für dich habe ich meinen Sohn hergegeben, damit er dir deine Schuld, deine Tränen und deine Verlorenheit abnimmt.«

Da war sie plötzlich wieder, diese Geborgenheit, die sie so viele Jahre gesucht hatte. Nur jetzt war es noch mehr, wie ein beglückendes Nachhausekommen, ein Ausatmen, Ausruhen. Da sorgte sich einer um sie, mit einer Liebe, zu der kein Mensch fähig ist.

Er hatte sie gekannt, bevor es sie gab. Und schon damals wusste er alles über ihr Leben. Ihm war nichts verborgen. Er war es auch, der zugelassen hatte, dass man ihr den Vater wegnahm. Warum? Wer als einziger den Weg kennt, muss sich nicht rechtfertigen.

Heute weiß sie, dass sie einmal die Antwort finden wird. Da, wo alle Fragen enden.

Rette mich!

Schüsse peitschen durch die Nacht, sie rennt und rennt. Endlich hat sie die Grenze erreicht, den Fluss, der Ost und West voneinander trennt. Auf der anderen Seite die ersehnte Freiheit. Das Herz klopft ihr bis zum Hals. Sie hört, die Verfolger kommen immer näher. Es gibt nur einen Weg: Sie muss durch das eiskalte Wasser. Als sie die Mitte des Flusses erreicht hat, schlagen die Kugeln rechts und links von ihr auf. Sie stolpert und rutscht auf den Steinen des Flussbettes aus. Angsterfüllt schreit sie: »Lieber Gott, hilf mir!« Und das Wunder geschieht: Keine der Kugeln trifft sie. Sie erreicht das rettende Ufer und ist in Sicherheit.

Es gab nur diesen einen Fluchtweg. So war der Versuch, heimlich über die Grenze zu kommen, immer ein Risiko. Jeder wusste, dass der Übergang scharf bewacht wurde und Grenzgänger auch erschossen werden konnten. Wer diesen Weg wählte, hatte sich entschieden. Es gab kein Zurück!

Immer wieder überwinden Menschen Grenzen, um ein neues Leben zu beginnen. Auch das Volk Israel ging diesen Weg, damals, auf der Flucht aus Ägypten in das Land Kanaan, das Land der Freiheit, das Gott ihnen versprochen hatte. Das Heer des Pharao aber jagte hinter ihnen her, um sie zurückzuholen. Schließlich standen die Flüchtlinge vor dem Meer. Wie sollten sie hinüberkommen? Gott tat wieder ein Wunder: Das Meer teilte sich und sie konnten hindurchgehen. Doch als die Ägypter ihnen folgen wollten, stürzten die angestauten Wassermassen zusammen und begruben Mensch und Tier. Das Volk Israel aber war gerettet!

Grenzen haben immer zwei Gesichter: Sie schützen und bewahren, sie können aber auch festhalten und einsperren. Sie trennen Gut und Böse, Richtig und Falsch, Wahrheit und Lüge. Jede Grenze fragt: Wo stehst du?

Da ist einer tief gefangen in Abhängigkeiten. Er schreit geradezu danach, frei atmen zu können. Einen anderen umschleicht immer wieder die Verführung. Er möchte heraus aus dieser Klammer, aber er schafft es nicht allein. Diese Menschen sehen das Helle und sehnen sich danach, aber das Dunkel hält sie fest. Der Sog, der nach unten zieht, ist so stark, dass jeder darin ertrinken muss, wenn er nicht herausgezogen wird. Aber wer ist dazu fähig?

Nur einer, der die Macht hat, ein Meer zu teilen und einen trocknen Weg zu schaffen. Der es verhindert, dass Kugeln treffen. Der handelt, wenn wir nach ihm rufen. Der weiß, ob wir es ernst meinen. Er sieht in unser Herz »Willst du wirklich deine Fesseln loswerden? Oder schwankst du noch?« Keiner kann sich auf der Grenze halten. Immer geht es um eine Entscheidung. Aber wenn ich doch keine Kraft habe?

Wer ein Meer teilen kann, kann auch meine Füße »auf festen Grund« setzen. Vertraue ich diesem großen Gott? Oder ziehe ich eine Grenze um meinen kleinen Verstand: »Gott, ich kann nicht, und darum kannst du auch nicht!«

Doch, er kann, atemberaubend, sodass riesige Wassermassen gehorchen. So handelt er auch an denen, die aus ihrem »Gefängnis« die Arme zu ihm strecken: »Herr, ich will an dich glauben, rette mich!«

Goldwäscher

»Wo geh ich hin? Folg ich den Wolken? Wo ist der Weg, den ich nicht seh? Wer weiß die Antwort auf meine Frage: Warum ich lebe und vergeh?

Wo geh ich hin? Folg ich dem Herzen? Weiß mein Herz, wohin ich geh? Warum erst leben, um dann zu sterben? Ob ich das versteh? Sagt wozu!? Sagt woher, wohin!? Sagt, worin liegt der Sinn?«

Leidenschaftlich wendet sich der Hauptdarsteller in einem bekannten Musical an die Zuhörer: Helft mir doch. Lasst mich nicht allein! Ich habe Angst. Was ist schon das kurze bisschen Leben, wenn am Schluss doch der unendliche Tod wartet?

Wer weiß, warum ich da bin? Warum ich geboren wurde? Das kann doch kein Zufall sein! Und wenn es kein Zufall ist, muss mein Leben einen Sinn haben! Aber welchen?

Jeden bedrängt diese Frage. Keiner findet Ruhe, bevor er nicht weiß: Da gehöre ich hin. Da kann ich mich entfalten. Da meine Fähigkeiten einsetzen. Da genau werde ich gebraucht.

Manche Sinn-Sucher sind wie Goldwäscher. Sie warten darauf, dass sie das Leben mit seinen Schätzen überschüttet. Dass es ihnen die Antworten auf den Sinn wie Goldklumpen in ihr Sieb legt: einen Höhepunkt nach dem anderen. Voller Erwartungen spülen sie jeden Tag wieder Erde und Wasser durch das Sieb und nehmen wie selbstverständlich an, dass das Edelmetall aus dem Schlamm aufleuchtet. Und dann läuft das Wasser ab, nimmt die Erde mit und es bleibt nichts zurück.

Resigniert und verbittert starren sie auf das leere Gefäß in ihrer Hand – alles umsonst? So viel

Erde hineingeschaufelt! So viel Wasser darüber geschüttet! So viel Schlamm zur Seite geräumt! Und das Ergebnis: NICHTS!!! Nun klagen sie wütend: Du, Leben, warum lässt du mich im Stich? Es ist doch deine Pflicht, mir eine Antwort auf den Sinn zu geben? Schließlich bist du, Leben, nur einmal für mich da.

Andere springen jeden Tag neu auf das Riesenrad von Drogen, Alkohol und Vergnügungen. So versuchen sie, vor dem Gefühl der Sinnlosigkeit und Leere wegzulaufen. Es ist, als würde sie ein innerer Befehl treiben: Ja nicht zur Ruhe kommen! Nur nicht stehen bleiben, nicht nachdenken und sich selbst ins Gesicht sehen müssen. Stattdessen rennen, rennen, damit keine Sekunde Luft bleibt.

Wieder andere sind fasziniert von dunklen Mächten. Sie glauben verführerischen Versprechungen: »Du wirst sein wie Gott. Du wirst herrschen, reich und unabhängig sein. Du wirst in die Zukunft sehen und auch mit den Toten reden können.«

Wer kann aus diesem Bann befreien? Wer weiß, was gut für mich ist? Wem kann ich vertrauen? Wer kennt mich besser, als ich mich selbst kenne?

Doch nur der, der mich ins Leben gerufen hat. Der sagt, dass er mich unendlich liebt – ohne Vorbehalte. Der mir in meiner verzweifelten Suche nach dem Sinn seine Hand entgegenstreckt: »Ich habe einen Plan für dein Leben. Schenke mir dein Vertrauen!«

Wenn ich mich darauf verlasse, sehe ich, wie Licht in meine Dunkelheit scheint. Mein atemloses Unterwegssein hat ein Ende. Nein, ich muss nicht den »Wolken folgen«, die hoch am Himmel fliegen, wer weiß wohin. Ich kann meine Füße auf festen Grund setzen und zu dem aufschauen, der verspricht, dass bei ihm die »ganze Fülle« ist. Dieser große Gott nimmt mich an sein Herz und sagt: »Ich habe dich bei deinem Namen gerufen, du gehörst mir!«

Hoch wie der Himmel

»Herr, ich werfe meine Freude wie Vögel an den Himmel«, schreibt jubelnd ein Afrikaner. Er hat entdeckt, wo Weite ist, wo er wieder Luft bekommt und atmen kann. Seine Füße beginnen zu tanzen. Ist das nicht wunderbar, einen so großen Gott zu haben, der aus der Erdenschwere befreit? Da liegen sie, dicht an dicht, die Klumpen, an denen man sich täglich die Füße blutig stößt. Da sind sie, die vielen Berge, die so unüberwindbar erscheinen. Da geben der kleine Menschengeist und der kleine Menschenmut rasch auf – Grenzen, Blockierungen, selbst wenn die Augen bis zum Horizont blicken können. Irgendwo hat alles ein Ende. Aber nicht da, wo Gott ist. Grenzenlos, endlos sind Himmel und Weltenraum, frei von allen Barrieren, Behinderungen, Vorschriften, Lasten.

Hinausschreien möchte der Afrikaner seine Begeisterung über den allmächtigen Gott. Er ist überall. Er allein hat das letzte Wort. Was für ein Geschenk, zu diesem Gott zu gehören, ihn Vater nennen zu dürfen. Seine Liebe zu ihm steigt wie die Vögel hoch hinauf.

»Herr, ich werfe meinen Schmerz wie eine schwere Decke an den Himmel«, betet eine Frau in Asien. Sie fleht Gott an, sie davor zu bewahren, dass die Decke wieder auf sie zurückfällt. Wie dunkel sind die Tage, die so viel genommen haben: die Gesundheit, den Ehepartner, die geliebte Arbeit. Wie riesengroß die Angst vor der Verfolgung. Plötzlich können sie kommen, mitten in der Nacht, und sie abholen. Sie weiß nicht mehr, wohin. Aber da ist dieser Eine, der gesagt hat: »Ich bin bei euch alle Tage bis an der Welt Ende.« Was für eine Geborgenheit! In einem riesigen Bogen umschließt sie das kleine Erdenleben und den Tod und streckt sich bis in die Ewigkeit.

Dieser Eine weiß, wie mir zumute ist, wie ich leide, warum ich weine. Er selbst ist über die Erde gegangen. Er wurde verspottet, geschlagen und umgebracht, der Sohn Gottes, obwohl er nur eins wollte, Liebe schenken und Vergebung. Und weil er diesen Weg gegangen ist, weiß er auch, was es heißt, ausgestoßen, verfolgt und misshandelt zu werden. So verlässt sich die Beterin darauf, dass er die schwere Decke mit ihr tragen wird.

Und dann fliegen sie eines Tages über die Grenze, die großen Ballons, gefüllt mit Texten der Bibel. Es gelingt ihr, einen zu ergreifen und zu verstecken. Die Worte sind für sie wie köstliches Brot. Es reicht für jeden Tag. Und wenn die Angst doch wieder drohend näher rückt, und die Decke herunterfallen will, die den Blick verstellt? Dann, »Herr, empfange ich mein Vertrauen wie einen erquickenden Regen vom Himmel. Ich sammele ihn in einem Krug, aus dem ich täglich trinken kann. Erfrischendes Wasser, das nie versiegt. Jeden Tag neu durchflutet und reinigt es mich.«

Weil ich immer wieder genug davon bekomme, wächst mein Vertrauen zu dem Spender des Wassers. Eine strahlende Brücke entsteht zwischen ihm und mir, über die ich jederzeit gehen darf. Dieses Vertrauen lässt mich durch den Horizont blicken. Die dünne Linie, die in unendlicher Ferne Himmel und Erde zu trennen scheint, ist nur Trug. Vor mir steht der Krug mit Wasser. Er erfrischt nicht nur mich, sondern auch jeden, dem ich begegne und der Durst hat. Atemberaubende Entdeckung:

Hinter dem Horizont geht's weiter, weil dieser Gott auch da ist.

Erschöpft

Tränen laufen über ihr Gesicht. Sie hat Hunger. Schrecklichen Hunger, aber sie kann nicht essen. Vor ihr steht ein gefüllter Teller. Sie dreht die Gabel in der Hand. Mühsam versucht sie, etwas darauf zu schieben und zum Mund zu führen. Aber schon auf halbem Weg hält sie an und die Hand fällt nach unten. »Du musst« – befiehlt der Verstand. »Du musst unbedingt essen!« – »Aber ich kann nicht«, beklagt sich die Seele.

Sie steht auf, zieht den Mantel an und geht auf die Straße: nur raus aus der Wohnung, untertauchen in der Menschenmenge – frei werden von der dunklen Wolke, die über ihr liegt. Sie kämpft sich von Schaufenster zu Schaufenster. Tränen strömen über ihr Gesicht. Warum hilft Gott nicht? Sie flieht in Hauseingänge, damit sie nur keiner ansieht, keiner Fragen stellt.

Eine Freundin nimmt sie an der Hand: »Du brauchst Hilfe. Sofort!«

Der Arzt erkennt schnell: Es ist eine Erschöpfungsdepression. Die Patientin hat einfach keine Kraft mehr. Sie ist ausgebrannt. Sie hat ein »Burnout«. Sie muss dringend eine Pause machen. Sie braucht nicht nur eine Kur für den Körper, sondern vor allem für die Seele.

Wie konnte sie nur so total »ausbrennen«? Warum hatte sie nicht die Signale erkannt, die diesem

Zusammenbruch vorausgegangen waren? Seit Jahren schluckte sie Betablocker und Blutdruck senkende Tabletten. Das schirmte sie ab, aber eben doch nicht so, wie sie geglaubt hatte. Die dicken Probleme im Büro nahmen kein Ende. Und dann die ständige, unerbittliche Forderung: Leistung, Leistung! Je mehr sie gefordert wurde, umso mehr lud sie sich auf. Aber die Lasten schleppte sie allein. Dann starb der Bruder nach einer langen quälenden Krankheit. Ganz ähnlich hatte sie es schon mit der Mutter durchgekämpft. Nun war sie wieder da, diese lähmende Hilflosigkeit – der Tod unabwendbar – nichts kann mehr retten.

Plötzlich begann sie, beim Autofahren zu zittern. Dabei hatte sie ihn so geliebt, diesen faszinierenden Rausch der Geschwindigkeit. Anrufe, sonst eine selbstverständliche Freude, erschienen auf einmal als Bedrohung. Schon wieder jemand, der etwas von ihr wollte. Konnte man sie nicht einmal in Ruhe lassen? Die Nächte waren wie schweres Wasser. Nur mühsam kam der Schlaf, doch ohne Erquickung.

Wo war Gott? Hatte sie ihm nicht ihr Leben anvertraut, ihn überallhin mitgenommen und den Menschen voller Begeisterung von ihm erzählt? Berichtet, wie atemberaubend er war, dieser große, allmächtige Schöpfer. So oft hatte er eingegriffen, sie aus Schwierigkeiten herausgeholt, sie mit seiner Güte und mit Wundern beschenkt. Warum ließ er sie jetzt im Stich? Hatte er sich verändert? Hielt er seine Versprechen nicht mehr? Dann stimmte es doch nicht, was sie den Menschen von ihm erzählt hatte.

Als sie wieder vor der aufgeschlagenen Bibel saß und verzweifelt nach einer Antwort suchte, erinnerte sie sich an ein Wort aus den Psalmen: »Als ich's wollte verschweigen, redeten meine Organe.« Ja, ihr Körper rebellierte, ihre Seele war unendlich müde. Doch nun stutzte sie: Da wurde über den Propheten Elia berichtet. Mutig und konsequent war er gegen die Götzenpriester der Königin Isebel vorgegangen. Aber nun war er erschöpft. Als die wütende Königin drohte, ihn umzubringen, packte Elia die Angst und er floh. Stunde um Stunde rannte er, bis er in der Wüste unter einem Ginsterbusch zusammenbrach. Er wünschte sich den Tod…

Wie gut konnte sie ihn jetzt verstehen! Eine jahrelange Rennstrecke lag hinter ihr. Voller Freude, auch Anerkennung, aber immer unter dem Druck, mehr als hundert Prozent geben zu müssen. Und dann auf einmal nur noch tiefste Erschöpfung und Dunkelheit.

Warum aber Elia? Er war Gott so nahe gewesen. Viel näher, als sie es für sich selbst wusste. Und nun wollte dieser Mann kapitulieren?

Fast atemlos las sie, wie Gott seinen Propheten wieder aufrichtete. Wie er ihm zu essen gab, ihn schlafen ließ und mit einem neuen Auftrag auf den Weg schickte.

Sie hatte den Bericht schon viele Male gelesen. Vorher, als es ihr noch gut ging. Doch jetzt konnte sie zum ersten Mal nachempfinden, wie Elia zumute war, als er von der Höhe seines Erfolges in die Tiefe stürzte.

Sie hörte auf den Rat des Arztes und meldete sich zur Kur an. Sie wollte sich helfen lassen. Sie suchte das Gespräch mit einem Seelsorger. Zuerst noch reserviert und zögernd begann sie, schließlich immer offener, über ihre Lasten zu reden. Und sie bat Freunde, für sie zu beten.

Langsam vollzog sich das Wunder. Sie konnte wieder lächeln, sich freuen, vor allem auch an der Bewegung. Wie wunderbar war es zu schwimmen, zu laufen, den Himmel zu bestaunen, Wolken und Regen – ach, einfach wieder da zu sein. So mitten im Leben!

Gott hatte sie nicht verlassen. Keineswegs. Gerade dann, als sie nicht mehr weiterwusste, war er da und hatte die Rettung bereits vorbereitet.

Manchmal muss es erst donnern und blitzen, bis wir erkennen, dass das Unwetter schon längst auf dem Weg zu uns ist. Und wenn es uns erreicht hat, ist es unsinnig zu denken, man könnte ihm die Stirn bieten. Wie: Es wird schon nichts passieren. Ich schwimme einfach weiter. Ich denke nicht daran, bei den ersten Blitzen sofort aus dem Wasser zu gehen.

Wie lange muss Gott warten, bis wir bereit sind zuzugeben, dass wir am Ende sind. Tun wir es schließlich, weil uns nichts anderes mehr übrig bleibt, ist dieser großartige Gott nicht etwa böse und lässt uns allein. Nein, er streckt seine Hand aus und sagt liebevoll: »Komm!«

Sturz in der Nacht

Plötzlich war alles dunkel – !

Ich weiß nicht, wie lange ich ohnmächtig war. Wie viel Zeit zwischen dem Sturz und meinem Aufwachen vergangen war? Ich versuchte aufzustehen, um mich aus meiner unglücklichen Lage zu befreien. Aber es ging nicht.

Bei dem Versuch, den Oberkörper aufzurichten – keine Reaktion. Dasselbe, als ich mich bemühte, die Knie anzuziehen. Der ganze Körper war wie ausgeschaltet, ohne Leben, als wäre er einfach nicht mehr da. Nur der Hals ließ sich bewegen, mühsam zwar, aber immerhin ein bisschen.

Panik überfiel mich. Du bist querschnittgelähmt, war mein erster Gedanke.

Ich wusste von einigen Fällen, die sich ähnlich abgespielt hatten. Und sofort kam der zweite Gedanke: Du kannst dich aus dieser Lage nicht selbst befreien. Dann die nächste angstvolle Überlegung: Wo ist Hilfe?

Ich war allein zu Hause. Die Nachbarn gegenüber, die sich in meiner Abwesenheit immer um die Wohnung kümmerten, konnten mich nicht hören. Aber die Nachbarin nebenan vielleicht ...

Es war Samstagmorgen, meistens schlief sie dann aus. Ob sie überhaupt vor zehn Uhr aufstehen würde? Ich begann laut um Hilfe zu rufen. Dabei stellte ich fest, dass meine Stimme schwächer war als sonst. Irgendetwas musste mit meiner Atmung nicht stimmen.

Wie lange ich rief, weiß ich nicht. Wie lange ich auf dem Boden lag, verkantet zwischen Tür und Flurecke, weiß ich auch nicht. Irgendwann hörte ich Schritte auf der Treppe nebenan. Schließlich wurden sie zögernder, als würde einer das Ohr an die Wand legen. Endlich schloss es an der Eingangstür. Aufatmend dachte ich: »Jetzt wird man mich finden.« Dann hörte ich die beruhigenden Stimmen meiner Nachbarn: »Machen Sie sich keine Sorgen, wir holen Hilfe.« Sie benachrichtigten die Feuerwehr. Sie war mit verblüffender Schnelligkeit da. Einige Rückfragen, dann spürte ich, wie ich auf eine Bahre gelegt wurde. Wieder war es dunkel um mich. Ich muss erneut bewusstlos geworden sein. Schließlich hörte ich das Geräusch eines Hubschraubers und die freundlichen Worte eines Arztes, der sich über mich beugte. Erst später stellte ich fest, dass man mich mit einem Rettungshubschrauber in eine Spezialklinik gebracht hatte.

Noch am selben Tag wurde ich operiert. Nur langsam begriff ich das Ausmaß meines Unfalls. Ich hatte mich nicht geirrt: querschnittgelähmt, ab einem bestimmten Halswirbel.

Wie steht man die Stunden und Tage durch, wenn man nicht beten kann? Wie erträgt man die nüchternen Ausführungen der Ärzte, ohne glauben zu können, dass Gott Wunder tut? Wo findet man in den einsamen Nächten und in den Schmerzen der Spastik, die durch den Körper wie Blitze jagen, die innere Stärke, nicht aufzugeben? Wie kann man erwarten, dass die kommenden Jahre noch einen Sinn haben, wenn man nicht weiß, dass Gott auch in einer solchen Situation einen Plan hat, auch für den Behinderten?

Ich weiß nur, dass ich in diesen Tagen ganz neu erfahren habe, wie die Gebete von unendlich vielen Freunden mich wie auf einer Tragbahre täglich vor die Füße Jesu legten. Und wie dieser Gebetsstrom nicht auf Tage und Wochen begrenzt war, sondern von vielen als immer wieder neue Zusage gilt – bis zum heutigen Tag. Die Gebete versichern: »Du bist nicht allein, wir stehen für Dich ein.« – Daran halte ich fest, besonders in den schweren Stunden. Von ganzem Herzen vertraue ich darauf, dass Gott diese Gebete hört und antwortet.

Mein »Big Ben«

Die Augen des Teppichhändlers leuchteten auf: »Kann ich Uhr kaufen?« Verblüfft sah ich ihn an. Er hatte den Teppich vergessen, den er mir gerade aufschwatzen wollte, stattdessen starrte er nur noch meine Standuhr an. Wir standen in der Haustür. Es war kalt und windig. Aufdringlich wiederholte er: »Ich will kaufen! Ich mach Ihnen gute Preis.« Jetzt stieg Ärger in mir hoch. Wie konnte er es wagen – unsere geliebte Standuhr – und heftiger, als ich eigentlich wollte, antwortete ich: »Die ist nicht zu verkaufen!« Er ließ nicht locker. Er wollte einfach nicht glauben, dass er sie nicht bekommen konnte. Schnell erhöhte er sein Angebot ... ob nicht doch noch? Schließlich gelang es mir, die Tür hinter ihm zuzumachen. Aufatmend drehte ich mich um und blickte auf die Uhr. Liebevoll glitten meine Augen über die alten Schnitzereien, das schöne dunkelbraune Holz, die schimmernden schweren Gewichte ... In dem Moment begann sie zu läuten, die volle Stundenzahl: bimbam, bimbam. Ein warmer, voller, sanft ausschwingender Ton – mein »Big Ben«, wie ich sie immer zärtlich nannte.

Und nun kam da jemand und wollte sie einfach kaufen, als ob sie in einem Laden stünde mit einem Preisschild darauf und vielleicht noch einem Rabatt wegen des Alters und überhaupt! Vorsichtig löste ich die drei kleinen Haken an der Seite und öffnete die Tür. Wieder kam mir der eigenartige, vertraute Duft entgegen, mit dem die vergangenen Jahrzehnte den Uhrenkasten gefüllt hatten. Gelebtes Leben. Nichts muffig Modriges, sondern gutes Gesundes. Ein faszinierender Duft, durchdrungen von dem gleichmäßigen Ticktack des Pendels.

Wenn man sich hinter das Ziffernblatt beugte, konnte man tief in das Innere der Uhr hineinblicken. Hatte sie eine Störung, musste sie zu einem Spezialisten gebracht werden. Nur er konnte den Fehler im Herzen der alten Dame entdecken und sie wieder in Bewegung bringen.

Natürlich waren ihr auch elektronische Steuerungsmechanismen fremd. Stattdessen wurde sie behutsam mit der Hand aufgezogen. Blieb sie einmal stehen, lagen die Gewichte traurig auf dem Boden. Sehr übel nahm sie es, wenn jemand die Zeit einstellen wollte und nicht auf ihren Rhythmus achtete. Dann blockierte sie einfach. Regelmäßig schlug sie zur halben und zur vollen Stunde. Ihr Herzschlag war ruhig, gleichmäßig, kräftig, durch Jahrzehnte erprobt. Nicht wie das hastige, oberflächliche Ticken eines Weckers oder einer Armbanduhr.

Sanft glitten meine Hände über das Gehäuse. Ich dachte an die vielen Menschen, die vor mir dasselbe getan hatten – die Uhrzeit eingestellt, das Pendel zum Schwingen gebracht, sich verlassen auf den freundlichen Zeitmesser.

Sie hatte bereits bei den Urgroßeltern ihren festen Platz, dann bei den Großeltern, den Eltern und nun auch bei den Kindern. Von Generation zu Generation wurde sie weitergegeben wie ein Schmuckstück, das mit den Jahren immer kostbarer wird. Sie war eine Leihgabe. Wer sie erhielt, pflegte und hütete sie. Jeder liebte sie.

Sie hatte die Jahrhundertwende miterlebt, dann den Ersten Weltkrieg, sie hatte auch den Zweiten Weltkrieg überstanden. Sie war umgezogen, von Häusern in Wohnungen, von Wohnungen in Häuser. Immer behielt sie ihr schönes, stilles Gesicht. Im Laufe der Jahrzehnte wurde es nur noch würdiger, edler, wie man es bei Menschen sieht, die viel erlebt haben und dadurch weiser und innerlich weiter geworden sind. Sie war die einzige Stimme, die mehr als ein Jahrhundert lang sprach, intensiv und unverwechselbar.

Ein französischer Historiker, Jean Jaurès, sagte einmal: »Tradition ist nicht das Bewahren der Asche, sondern das Schüren der Flamme.« Wer wäre auf den Gedanken gekommen, sie in eine Ecke zu schieben und einstauben zu lassen? Zeit lässt sich nicht einfangen und zum Stehen zwingen. Genauso wenig wie die Zeit kann auch die Tradition nicht auf einem Scheiterhaufen verbrannt werden. Zeit ist immer etwas, das nach vorne strebt, das aufrüttelt, das sagt: »Vergeude mich nicht. Das Leben ist nur einmal für dich da! Schau auf die

Menschen, die dir vorangegangen sind. Erhalte die Tradition, du hast deine tiefen Wurzeln in ihr. Sie ist wie ein festes Haus, das dem Sturm trotzt.«

Da steht sie nun, die Standuhr, mit ihrem lebendigen Körper, ihrer Seele und vermittelt etwas Einmaliges: Alle Stunden und Sekunden sind ein wunderbares Geschenk des großen Schöpfers über Himmel und Erde. Zu ihm kann ich jeden Tag kommen, meine ganze Last bei ihm ablegen und voller Zuversicht und Hoffnung beten: »Herr, meine Zeit steht in deinen Händen.«

Atem-los

Wie ein riesiges dunkles Tier stürzt die Welle über ihn, zieht ihn nach unten, reißt ihn wieder hoch. Arme und Beine verlieren die Kontrolle. Einem Spielball gleich wirbeln ihn die Wassermassen durch die Tiefe und pressen ihn schließlich mit unglaublicher Gewalt auf den Boden.

Verzweifelt ringt er nach Luft. Stattdessen schluckt er Wasser. Immer wieder. Er hat das Gefühl, die Lunge platzt. Als er kurz davor ist, die Besinnung zu verlieren, ergreift ihn die nächste Woge mit mächtiger Hand und schleudert ihn ans Ufer. Dort liegt er keuchend und zitternd. Wirklich, er lebt!

Tief saugt er den Sauerstoff ein. Nur mühsam beruhigt sich der Körper. Der flatternde Herzschlag wird langsamer und kräftiger. Das Zittern lässt nach. Der Atem, eben noch pfeifend und schmerzend, beginnt zu schwingen. Schließlich hebt und senkt sich der Brustkorb im gleichmäßigen Rhythmus. Dann legt sich die Erschöpfung wie ein schwerer Mantel über ihn.

Atem, die Luftpumpe des Körpers. Hastig jagt er, in kurzen Stößen, wenn Aufregung kommt, wenn Angst den Hals zuschnürt. Stark und kräftig strömt er, sobald alles im Gleichgewicht ist und keine Erdbeben die dünne Haut der Seele erschüttern.

Nachdem der Schöpfer den Menschen geschaffen hatte, hauchte er ihn an mit seinem Leben schaffenden Atem. Von diesem Augenblick an war der Mensch ein eigenständiges Wesen. Er konnte lachen und weinen. Er wusste, wann es Tag und Nacht war, die Sonne aufging und der Mond am Himmel stand.

Nun aber bestimmte auch die Zeit sein Leben mit ihrem Tempo und ihrer Unerbittlichkeit. Atemlos jagte der Mensch hinter ihr her. Musste er nicht festhalten, was ihm täglich neu entglitt? Dabei rannte er auch an der Stille vorbei. Er vergaß, ganz einfach stehen zu bleiben, nichts weiter zu tun als nur zu schauen. Zu staunen über die Schönheit der Schöpfung und darüber, selbst ein Teil davon zu sein. Flogen die Vögel schon immer so hoch? War das Gras das ganze Jahr so grün? Leuchteten die Rosen im Herbst nicht anders als im Sommer? Und sah es nicht aus, als ob die Bäume im Wind in die Hände klatschten?

Manchmal muss erst eine Welle kommen, die uns auf den Kopf stellt und den Atem wegnimmt, damit wir entdecken, wie einmalig das Leben ist. Hauch vom Schöpfer selbst. Unglaubliches Geschenk. Zu kostbar, um es zu verschwenden. Zu wertvoll, um es an die Eile zu verlieren.

Kostbare Haut

»Das geht unter die Haut.« … Atemlos verfolgen die Zuschauer die Ereignisse auf dem Bildschirm. Eine Mischung ganz unterschiedlicher Gefühle stürzt übereinander: Empörung, Wut, Verzweiflung. Es geht um Krieg, Katastrophen, um Menschen, die leiden. Damit verbunden sind tiefes Mitgefühl, Anteilnahme, der Wunsch zu helfen und die Ohnmacht, es nicht zu können.

»Das geht unter die Haut.« Warum? Sie ist das größte sensorische Organ unseres Körpers. Sie hält ihn zusammen, die Knochen, die Muskeln, die Sehnen, die Nerven. Wir werden die Haut nicht los. Sie klebt an uns. Sie ist wie eine Folie, die unseren Körper nahtlos überzieht und ihn vor der Umwelt schützt.

Sie spiegelt die Gefühle: Angst oder Kälte ziehen sie zusammen; dabei verändert sie oft auch ihre Farbe. Freude dagegen lässt sie richtig leuchten. Man kann in ihr lesen wie in einem Buch. Sie redet über Krankheit und Gesundheit, über Jugend und Alter, wenn Falten und Runzeln sie wie Gräben durchziehen.

Damit ist sie auch Mittelpunkt der Kosmetikindustrie, die mit schillernden Angeboten einen ewigen Jungbrunnen verspricht. Breit gefächerte Wellness- und Gesundheitsangebote umkreisen sie unermüdlich wie Motten das Licht. Auch die Modebranche konzentriert sich auf sie und lockt mit immer neuen Kreationen.

Die Haut ist auch der Sensor für Schmerzen. Schon das leichte Piken einer Stecknadel oder der Stich einer Mücke, Wasser, das zu heiß oder zu kalt ist – lösen augenblickliche Reaktionen aus. Blitzschnell leiten die Nervenzellen den Reiz zum Gehirn, das sofort darauf antwortet.

Sie spürt jede Berührung, ob eine Hand warm und freundlich oder kühl und distanziert ist. Sofort entstehen Sympathie und Antipathie. Sie ist das kostbare Kleid des Körpers, der das Haus der Seele ist. Die Haut kann aber erst dann wirklich atmen, wenn sie durchdrungen ist von dem, der selbst das Leben ist.

Darum sagt die Bibel: »Zieht Christus an wie ein Kleid«. Umkleidet euch mit ihm wie mit einer Haut, die nicht abgelegt werden kann!

Das erlebte auch ein junger Mann, der durch

England trampte. Er hatte einige Adressen bei sich, wo er übernachten konnte. Dazu gehörte auch ein altes Schloss. Der junge Mann stand dem Glauben sehr kritisch gegenüber. Er wusste nicht, dass dieses Schloss ein christliches Freizeitzentrum war. Plötzlich begegnete ihm im Schlosshof ein Bekannter aus Deutschland. Gegenseitiges großes Erstaunen. Tiefe Gespräche über die Bibel folgten: Christsein, was ist das? Mit Jesus leben – wie geht das? Ihn anziehen wie ein Kleid – was geschieht dann mit mir? Der junge Mann war voller Fragen.

Ein paar Tage später verunglückte einer der Freizeitteilnehmer tödlich mit dem Motorrad. Unser junger Mann hätte bei dieser Fahrt dabei sein sollen und hatte im letzten Augenblick abgesagt. Der Schock ging ihm unter die Haut. Blitzartig wurde ihm klar: auch er hätte tot sein können. Plötzlich verstand er, was es heißt, von Jesus umkleidet zu sein. Leben und Tod waren hautnah herangerückt.

Glaube: ja oder nein? Ein Ausweichen war nicht mehr möglich. Der junge Mann erkannte: Dieser Jesus war das eigentliche Leben, das der Tod nicht umbringen konnte. Und dieses Leben wollte er jetzt haben, unbedingt. Mit »Haut und Haaren« lieferte er sich Jesus aus. Schließlich hatte der Sohn Gottes versprochen. »Ich umgebe dich von allen Seiten.« Seine Liebe schützt mehr, als jede Haut das kann.

Herzoperation

»Herzkrank«, lautet die Diagnose. »Eine Folge der Stresserscheinungen«, sagen die Ärzte, »Ergebnis der kranken Seele«, die Theologen. »Der Konsum hat uns kaputt gemacht. Weil die Menschen herzkrank sind, stellen sie Waffen her, machen sie Kriege«, erklären die Demonstranten für den Frieden.

Ein Märchen erzählt von einem jungen Mann, der sein Herz verkaufte. »Es ist eine ganz unblutige Operation«, erklärte der Unheimliche, der die lebendigen Herzen haben wollte. Er führte den jungen Mann in einen großen Raum, voll mit schlagenden Herzen, fasste in die Brust des jungen Mannes, nahm das warme lebendige Herz heraus, setzte ihm ein steinernes Herz ein und gab ihm das versprochene Gold. Im selben Augenblick hatte der junge Mann keine Empfindungen mehr. Er konnte sich nicht mehr freuen, nicht mehr weinen. Er lebte zwar und war reich, aber sein Herz bewegte sich nicht mehr …

Auch viele von uns leiden an steinernem Herzen. Physisch funktionieren wir noch, nur die Seele, dieses geheimnisvolle Etwas, das unser Herz in Schwingungen versetzt, uns zu Tränen bewegt und vor Freude jauchzen lässt, das es mit Liebe erfüllt, mit Fürsorge für den anderen – dieses geheimnisvolle Etwas, diese kostbare Seele ist verloren gegangen. Der Lebensnerv, der das Herz von innen reinigte und erfrischte, ist durchgeschnitten. Das Herz ist taub geworden. Es hört nicht mehr auf die Stimme von dem, der es geschaffen hat. Stattdessen hält es alles fest, das zu seiner Versteinerung geführt hat: Stolz, Neid, Hass, Machthunger, Gewalt.

Helfen kann nur eine totale Herztransplantation, wenn das steinerne Herz durch ein lebendiges ausgetauscht wird. »Unmöglich«, sagen die einen, »man kann es versuchen«, die anderen, »und wenn Abwehrreaktionen eintreten«, fragen die Klugen. So eine vollkommene Operation kann nur einer durchführen. Einer, der genau weiß, wie ein Herz funktioniert. Nicht, weil er es in Lehrbüchern gelernt hat, sondern weil er es selbst geschaffen hat.

Zwei Jünger gehen am Ostermorgen von Jerusalem nach Emmaus. Ihr Herz liegt wie Stein in ihnen. Hatte man doch ihren geliebten Herrn ans Kreuz geschlagen. Tot ist ihre Hoffnung. Vorbei ihr Leben. Plötzlich geht jemand neben ihnen und spricht mit ihnen. Sie wissen nicht, dass es Jesus ist, – der Auferstandene – bis sie ihn zum Abendessen in ihr Haus einladen und er das Brot mit ihnen bricht. Beglückt erkennen sie ihren Herrn und fragen sich später: »Brannte nicht unser Herz in uns, als er mit uns auf dem Weg redete?«

Ihr Herz hatte erst wieder zu schlagen begonnen, als sie Jesus neu begegneten. Es begann zu »brennen«, zu glühen. Dieser warme Strom sprengte die

Versteinerung, schwemmte das Geröll von Trauer, Verzweiflung und Angst weg. Die Jünger wurden zu mutigen Zeugen der Botschaft Jesu, die auch heute noch Menschen verändert und ihnen ein neues Herz schenkt.

»Ruf' einfach an!«

Das Telefon klingelte – einmal, zweimal – dann wieder. Fast schien es ärgerlich, ja zornig zu sein. Warum meldete sich keiner? –

Es wirkte beinahe gespenstisch, dieses schmetternde Geräusch in der öffentlichen Telefonzelle neben dem Fußgängerüberweg, auf der menschenleeren Straße. Noch einmal der metallene, fordernde Ton, der auf Antwort wartete.

Er sah sich um. Aber da war niemand, nur er. Als es zum sechsten Mal läutete, ging er zögernd in die Zelle und nahm den Hörer ab. Die höfliche, sachliche Stimme der Telefonvermittlung meldete sich und fragte – ja, nach wem fragte sie? Beinahe wäre ihm der Hörer aus der Hand gefallen. Wirklich, sie nannte seinen Namen! Noch einmal sah er sich ratlos um. Konnte er nicht dieses bedrängende Ding von Telefonhörer loswerden?

Wer kannte ihn hier? Tausende Kilometer entfernt von seiner Wohnung, mitten in einer Gegend, die er noch nie gesehen hatte?

Die Stimme am Apparat nannte noch einmal seinen Namen, inzwischen etwas gereizt, wie ihm schien. »Sind Sie nicht Herr ...?« »Ja, ja,« stotterte er schließlich und rang immer noch nach Luft. Was wollte die Dame nur von ihm? »Einen Moment«, sagte sie, und dann, als sei das völlig normal, »ich verbinde«. Daraufhin hörte er eine andere weibliche Stimme, offensichtlich weit entfernt, die glücklich rief: »Nicht wahr, Sie sind es. Ich habe Sie gefunden. Wie danke ich Gott!« Und sprudelnd, mit Worten, die sich überstürzten, erzählte sie, sie habe sich das Leben nehmen wollen. Sie sei einfach nicht mehr fertig geworden mit sich und ihren Problemen. Doch sie hätte Angst gehabt vor dem Tod und schließlich zu Gott geschrien, an den sie gar nicht glaubte: »Wenn es dich gibt, dann hilf mir! Dann lass mich den Pastor finden, dessen Gottesdienst kürzlich im Fernsehen übertragen wurde. Zu dem hätte ich Vertrauen. Dem würde ich alles erzählen.«

Aber wo sollte sie ihn suchen? Wahllos habe sie einige Telefonnummern aufgeschrieben, noch einmal Gott gebeten, ihr die richtige zu zeigen – und gewählt. Und nun habe sie ihn gefunden, mitten in diesem großen Land. Jetzt wisse sie, dass Gott lebe. Nun wolle sie ihn, den Pastor, treffen und mit ihm reden. –

Nachdem sie die Adressen ausgetauscht und einen Termin vereinbart hatten, hängte er auf. Er war noch wie betäubt. Wie ein Schatten hatte es in den letzten Wochen auf ihm gelegen: Die Arbeit in der Gemeinde war zum Stillstand gekommen. Seine Predigten empfand er als lasch und kraftlos. Und Gott – hatte er nicht aufgehört, mit ihm zu reden? Unter diesem Schweigen litt er am meisten. Vorbei das vertraute Verstehen, die Freude, die Liebe. Gott hatte sich von ihm zurückgezogen und sah zu, wie er sich in der Leere totlief, meinte er.

Aber nun war sie wieder da, diese kostbare Verbindung. Er spürte Leben, Wärme. Er rannte geradezu zurück zur Tankstelle, zum Rasthaus, in dem sich Frau und Kinder nach der langen Autofahrt erfrischten. Er hatte sich nach ein wenig Stille gesehnt und war darum spazieren gegangen. Nun aber wedelte er mit den Armen wie mit Windmühlenflügeln und schrie: »Etwas Wunderbares ist geschehen! Denkt euch nur: Gott kennt meine Telefonnummer!«

Unglaublich, nicht wahr? Doch er hat es erlebt und erzählt es jedem. »Ein Verrückter«, werden manche denken. »Ein Zufall, weiter nichts«, sagen andere. Aber ist es nicht zum laut Schreien, Lachen vor Freude, Jauchzen vor Dankbarkeit, wenn einer das erlebt hat? Muss er nicht durch die Straßen laufen und jedem zurufen: »Du, Gott kennt meine Telefonnummer!«

Wer dem lebendigen Gott begegnet, spürt, wie die Lasten abfallen, wie der schwere Tag plötzlich leicht wird. Der muss einfach jubelnd auf die Füße springen, selbst wenn er alt und schwach ist und ein bisschen länger dazu braucht. – Und doch kommen dann auch Stunden, in denen der Jubel der »ersten Liebe« erloschen scheint. Die warme Hand, die Geborgenheit schenkte, lässt sich nicht mehr greifen.

Lazarus war bereits tot, als seine Schwestern Maria und Martha Jesus um Hilfe baten. Sie weinten und sagten beinahe vorwurfsvoll »Wärst du hier gewesen, er wäre nicht gestorben!« Daraufhin fragte Jesus nur: »Vertraut ihr mir?« und schenkte Lazarus neues Leben.

Gott tut Wunder, staunend stehen wir davor. Sie nehmen uns den Atem. Dabei übersehen wir oft das größte Wunder, das wir leben dürfen und wissen: Wir gehören ihm. Er hat uns geschaffen. In seiner Hand sind alle Tage, die wir gegangen sind und noch gehen dürfen. Ja, dieser Herr kennt selbst unsere Telefonnummer …

Horizont-Investment

»Lass dein Brot über das weite Meer fahren, denn du wirst es nach vielen Tagen wieder zurückkommen sehen!«, sagt die Bibel im Prediger Salomo. Das heißt doch nichts anderes als »Horizont-Investment«. Aber wie kann ein vernünftiger Mensch in den Horizont investieren – so weit weg und nie zu erreichen? Investment in Ungewissheit – was für ein Risiko! Von Anfang an zum Scheitern verurteilt. Wer würde schon so etwas Verrücktes tun, nicht nur sein Vermögen, sondern auch sich selbst »ins Blaue« zu katapultieren?

Genau das aber sollten wir tun, sagt die Bibel. Doch wie kann Brot über das Wasser fahren und mehr noch – wie kann es nach vielen, unbestimmten Tagen wieder zurückkommen? Und dann diese Aufforderung: »Lass es fahren!« Warum soll ich etwas loslassen, was mir gehört, es einfach weggeben, ohne zu wissen wohin und warum? Ist das nicht ein bisschen viel verlangt?

Und nun heißt es auch noch »warten«, bis das, was ich losgelassen habe, eines Tages wieder zu mir zurückkehrt. Welch ein Berg Vertrauen wird da von mir erwartet! Und sollte ich das Brot tatsächlich wieder haben, wie wird es sein? Will ich es dann überhaupt noch »essen«?

Brot – Korn und Mehl – die notwendigen Bausteine unseres Lebens. Jesus sagt: »Ich bin das Brot des Lebens. Wer zu mir kommt, braucht nicht mehr zu hungern.« Wenn mein Brot über das weite Meer fährt, heißt das: Ich teile, gebe weiter von dem, was ich habe. Nicht nur das, was ich von Jesus weiß, sondern auch das, was ich von ihm empfangen habe – meine Begabungen, meine Fähigkeiten, mein Geld – einfach alles, was ich besitze.

Für uns alle ist »Brot« da, reichlich Brot, mehr als für einen allein. Aber wenn ich nicht teile, müssen viele hungern. Und so wie ein Weizenkorn in der Erde erst »sterben« muss, damit es sich vervielfältigt, so wird auch mein Brot erst dann viele satt machen, wenn ich davon wegschenke, ohne zu fragen, welchen Gewinn ich davon habe.

Selbstlos schenken – darüber steht eine große Verheißung: »Das Brot wird zu dir zurückkehren, irgendwann. Und dann wird es dich beschenken.« Verheißung erwartet Vertrauen. Wer aus vollem Herzen gibt, erlebt, dass sich sein Einsatz auf geheimnisvolle Weise vervielfältigt und gesegnet wird.

Wir müssen nicht auf »Nummer sicher« gehen: »Erst wenn ich meine Chancen und den Gewinn einschätzen kann, bin ich bereit zu investieren.« Gottes Geschenke sind Liebe. Liebe ist nicht kalkulierbar und stellt auch keine Bedingungen. Als 5 000 Menschen Hunger hatten, besaß Jesus nur fünf Brote und zwei Fische. Doch in seinen Händen vermehrten sie sich so, dass alle satt wurden und mit den Resten noch mehrere Körbe gefüllt wurden.

Wenn Gott schenkt, sind es nicht »Pfennige«, sondern »Scheine«. Dabei hebt er von einer ungewöhnlichen »Bank« ab. Sie steht in Bethlehem, dem »Haus des Brotes«. Von diesem »Haus« und diesem »Brot des Lebens«, Jesus, ist der Segen für die Menschen hinausgegangen in alle Welt. Wer von diesem Brot isst, muss es ganz einfach weiterschenken.

Er hat seine helle Freude daran, es in den »Horizont zu investieren«.

Wo wohnt Jesus?

Ein Team junger Leute macht Besuche in einem Hochhaus. Sie wollen mit den Bewohnern über den Glauben ins Gespräch kommen. Zehn Stockwerke und 90 Wohnungen liegen vor ihnen.

Sie klingeln an der ersten Tür und fragen den jungen Mann, der öffnet: »Kennen Sie Herrn Jesus?« Der junge Mann sieht die Besucher ratlos an und kratzt sich nachdenklich am Kopf. Schließlich antwortet er zögernd: »Warten Sie mal, zwei Stockwerke über mir wohnt ein Herr Jäger und daneben … Ja, ich glaube, da gibt's einen Herrn Jesus!«

Wer weiß schon, wer sein Nachbar ist, besonders in einem anonymen Hochhaus? Stumm geht man aneinander vorbei. Muss man den anderen grüßen, nur weil er im selben Gebäude wohnt? Ich kenne ihn doch gar nicht. Und ich will ihn auch nicht kennenlernen. Gut, dass ich mich in meine »Höhle« zurückziehen kann. Was interessieren mich die Menschen neben mir? Ich habe meine eigenen Sorgen und genug damit zu tun. Doch eine geschlossene Tür macht allein: Vereinsamung unter einem Dach, unter dem das Leben brodelt. Isolation, obwohl so viel Nähe da ist.

Wo aber wohnt der Herr Jesus? Zwei Stockwerke über mir? Drei unter mir? Für den jungen Mann ist er nur ein weiterer unbekannter Mitbewohner. Kennen Sie oder kennen Sie nicht Herrn oder Frau …? Kennen hat mit Wissen zu tun. Wenn ich jemanden kenne, weiß ich auch etwas über ihn. Über seinen Hintergrund, seine Persönlichkeit, seine Arbeit, seine Familie. Ich muss ihn nicht mögen, aber ich weiß, wer er ist.

Kenne ich den Herrn Jesus? Was weiß ich von ihm? Ja, will ich überhaupt etwas von ihm wissen? Der junge Mann in dem riesengroßen Haus mit den vielen Etagen, den immer gleichen Wänden und Türen, den so leblos erscheinenden Fensterscheiben, muss er sich nicht fürchten vor so viel Leere und Fremdsein?

Fremdsein bedeutet »weg sein«, keine Wurzeln mehr haben, aus denen etwas wachsen kann, keine Heimat, keine Wärme. Fremdsein heißt auch, unterwegs sein, nach Geborgenheit suchen. So sind viele Menschen auf der Flucht. Ihre Fluchtwege ziehen sich nicht nur durch Hochhäuser, sie überqueren auch Ländergrenzen. Dabei sehnt sich jeder nach etwas Vertrautem. Wir alle wünschen uns einen Ort, an dem sich jemand zu uns wendet und sagt: »Du bist mir wichtig! Dich habe ich lieb!«

Wie kann ich mich aus meiner Isolation befreien? Wie finde ich heraus aus meinem Schneckenhaus? Wie lerne ich es, mich dem anderen zu öffnen, damit er auf meinem Herzen schreiben kann, wie auf einem leeren Blatt Papier?

Der junge Mann glaubt, der Herr Jesus wohne zwei Stockwerke über ihm. Er weiß nicht, dass dieser Jesus längst bei ihm ist. Dass er es ist, der ihm seine Hand entgegenstreckt. Der seine Wohnung mit neuem Leben erfüllen möchte. Keiner von uns muss erst an viele Türen klopfen, um ihn zu finden. Dieser Jesus ist bereits da und mit ihm eine Familie, die nur darauf wartet, uns in ihrer Mitte aufzunehmen.

Laden wir ihn ein, diesen Jesus. Machen wir die Tür weit auf. Unsere Wohnung wird voll und bunt. – Ein bekanntes Einrichtungshaus wirbt mit dem Slogan: »Wohnst du noch oder lebst du schon?« – Wie geht es Ihnen? Wohnen Sie noch oder leben Sie schon?

Who is who?

Lieber Gott, warum gibt es Dich nicht im WHO'S WHO? Darin drängen sich doch alle, die wichtig sind – was sie machen, welche Position sie haben, warum man sie kennen muss. Ich habe nachgeschlagen, unendlich viele Persönlichkeiten ... über Dich – nichts!

Jeder Mensch hat einen Namen, vorn und hinten. Dazu ein Geburtsdatum, einen Geburtsort, ein Land, aus dem er stammt. Das, was ich von Dir weiß, sagst du selbst über Dich: Du hast keinen Anfang und kein Ende. Du hast nicht nur ein Haus gebaut, nein, die ganze Schöpfung gehört Dir. Noch mehr als das: Du hast sie selbst geschaffen. Und Du hast nicht nur einen Namen, sondern viele. Darunter der wichtigste: »Ich bin, der Ich bin!«

Das sind Worte wie in Felsen gehauen. Durch nichts auszulöschen. Wenn du sagst: »Ich bin« umschließt das alles – die Erde, die Planeten, den Weltraum – alle Zeit und keine Zeit, weil die Zeit bei Dir aufhört. Du, ohne Anfang und Ende, sprengst jedes Zeitgefühl. Bei Dir ist weder Vergangenheit noch Zukunft. Du bist ständige, dynamische Gegenwart. Oft beängstigend nah. Vor Dir sind tausend Jahre wie ein »Tag und wie eine Nachtwache«. Mein Verstand reicht nicht aus – wie könnte ich mir das auch nur annähernd vorstellen? Ich bin wie eine Ameise, die versucht, sich in einen Elefanten hineinzudenken.

Was ist dagegen mein kleines Leben? Nicht mehr als ein Tropfen im Ozean. Warum nehme ich es nur so maßlos wichtig? Da renne ich durch den Tag, hetze hinter einem übervollen Terminkalender her. Da laufen meine Augen ständig mit den Uhrzeigern. Ich trage die Zeitmesser nicht nur am Handgelenk, sie beherrschen auch meine Wohnung. Damit ich sie immer im Blick behalte, begegnen sie mir auch unterwegs – auf Bahnhöfen, in Zügen, in öffentlichen Gebäuden, auf Dächern und Türmen. Wenn ich dann meine winzige Zeit, die ich mit jeder Sekunde ausschöpfen möchte, mit Deiner Unendlichkeit vergleiche, entdecke ich wieder den Horizont. Es ist so klar, dass mein Leben mit diesem Leben nicht zu Ende sein kann.

Bevor ich geboren wurde, sagst Du, war ich schon ein Gedanke von Dir. Ich sollte leben und Dich kennenlernen. Aber wie Dich entdecken, wenn ich nicht weiß, wie Du aussiehst. Schließlich gibt es kein Bild von Dir. Doch jeder, der Dich erlebt, weiß, dass Du ein Gesicht hast. Es ist voller Liebe, so wie Du selbst Liebe bist. Dein helles, strahlendes Antlitz wird nur dann überschattet, wenn ich mich von Dir zurückziehe. Wenn ich mich umdrehe und meinen eigenen Weg gehe.

Es ist unbegreiflich, aber Du hast mich zu Deinem Gegenüber gemacht. Du willst mit mir reden, jeden Tag, von morgens bis abends. Du hast einen Plan für mich. Du möchtest, dass ich mein Leben mit Dir teile.

Du willst mein Vater, mein Bruder, mein Freund sein. Ich darf »Du« zu Dir sagen, Dir bekennen, was ich sonst niemandem anvertrauen würde. Und wenn Du siehst, wie leid es mir tut, was ich getan habe, wie tief ich es bereue, vergibst Du mir. Wo, in aller Welt, gibt es so viel Barmherzigkeit?

Bevor ich Dir begegnete, Du wunderbarer Gott, dachte ich oft: Wie kannst Du mich verstehen? Du, weit weg in Deinen Himmeln. Du, weit weg von meinen Tränen und Schmerzen, alleingelassen und verzweifelt. Doch eines Tages kamst Du zu mir. Menschen nahmen mich mit auf den Weg zu einem Stall. Da lag ein Kind in der Krippe und ich stand überwältigt davor.

Dort lagst Du in der Gestalt Deines Sohnes und hast mich angelächelt. Ich bin auf die Knie gefallen. Nie hätte ich für möglich gehalten, dass Du Dich so tief zu mir hinunterbeugst. Wer kann so bedingungslos lieben wie Du? Dann stand ich an Deinem Kreuz. Da hingst Du ohnmächtig und allein. Und doch waren Deine Augen wieder voller Liebe auf mich gerichtet. Du sagtest nur zwei Worte: »Für Dich!«

Mein Gott, was tätest Du im WHO'S WHO? Wie konnte ich fragen: »Wer bist Du?« Vielmehr hast Du das Recht, mir diese Frage zu stellen. Nur wenn Du in mir bist, bin ich der, der ich sein soll.